Le tragique dans le théâtre québécois et canadien-français, 1950-1989

Couverture: Alfred Laliberté, "Le Fardeau", circa, 1925, Québec, Musée du Québec.
Photographie par Patrick Altman.

Photographie de l'auteure:
Photographie par Martin Schwalbe

Le tragique dans le théâtre québécois et canadien-français, 1950-1989

Stéphanie Nutting

Canadian Studies
Volume 23

The Edwin Mellen Press
Lewiston•Queenston•Lampeter

Library of Congress Cataloging-in-Publication Data

Nutting, Stéphanie.
   Le tragique dans le théâtre québécois et canadien-français, 1950-1989 / Stéphanie Nutting.
     p. cm. -- (Canadian studies ; 23))
   Includes bibliographical references and index.
   ISBN 0-7734-7802-7
     1. French-Canadian drama (Tragedy)--History and criticism. 2. French-Canadian drama--20th century--History and criticism. 3. Values in literature. 4. Social values in literature. 5. French-Canadians in literature. I. Title. II. Canadian studies (Lewiston, N.Y.) ; v. 23.

PQ3911 .N88 2000
842--dc21

                                                               99-086705

```
This is volume 23 in the continuing series
Canadian Studies
Volume 23  ISBN 0-7734-7802-7
CS  ISBN 0-88946-197-X
```

A CIP catalog record for this book is available from the British Library.

Copyright © 2000 Stéphanie Nutting

All rights reserved. For information contact

        The Edwin Mellen Press   The Edwin Mellen Press
                 Box 450   Box 67
           Lewiston, New York   Queenston, Ontario
            USA 14092-0450   CANADA L0S 1L0

                        The Edwin Mellen Press, Ltd.
                        Lampeter, Ceredigion, Wales
                   UNITED KINGDOM SA48 8LT

                     Printed in the United States of America

À mes parents,
Brosi Nutting et Mary Bence West

TABLE DES MATIÈRES

Préface i
Remerciements v
Introduction 1
      Prolégomènes pour une étude du tragique québécois 10
      Tragique ou tragédie? 14

Chapitre premier 27
      Un fils à tuer 27
      Deus absconditus 31

Chapitre deuxième 45
      Au retour des oies blanches 45
      Le détournement du logos 50

Chapitre troisième 67
      Sainte Carmen de la Main 67
      L'univers en expansion 74
      De la non-action et du choeur 86

Chapitre quatrième 91
      Le chien 91
      Réification et décryptage 102

Chapitre cinquième 115
      La lumière blanche 115
      Antécédents 119

Chapitre sixième 139
      Fragments d'une lettre d'adieu lus par des géologues .. 139
      L'amenuisement du sujet 145

Conclusion 157
      Le regard détourné 164

Ouvrages cités 171

Index 179

PRÉFACE

Il y a une vingtaine d'années, je prenais un verre en compagnie de George Steiner, en marge d'un colloque. Encouragé par la convivialité hongroise, je lui ai fait part de mon admiration pour <u>The Death of Tragedy</u>, et de mes réserves concernant certaines propositions. Sur quoi il me répondit en riant: "Vous savez, j'avais alors une audace que je n'ai plus; maintenant j'apporterais des distinctions, je ne ferais pas le même livre!" En effet, la suite de sa réflexion, et notamment l'importante introduction qu'il a donnée à la traduction en anglais de Walter Benjamin, nous montre bien que, tout comme la "mort de Dieu" n'a pas mis fin à la pensée théo-logique, la "mort de la Tragédie" s'inscrit dans un développement. Non seule-ment par la sacralité qui lui est comme inhérente, et défie l'histoire, mais par l'union indissoluble du Sujet et de sa création (dans une apparente destruction), la Tragédie et/ou le Tragique, scènes de la Mort, ne peuvent qu'intégrer la mort de la Scène en un schéma que Mallarmé révélait sous sa forme la plus épurée.

Stéphanie Nutting vient aujourd'hui nous montrer des avatars plus complexes et parfois plus inattendus de la *Tragédie du Sujet*, pour reprendre l'expression de Linda Kintz. Elle a perçu d'emblée les limites du "canonique", et compris comment l'idée de la Tragédie peut se manifester dans des production "marginales", à travers même leur marginalité. L'étude des répertoires québécois et canadien-français lui a permis de mettre en évidence un "retour" qui déborde encore celui qu'avait analysé Jean-Marie Domenach. En deçà et au-delà de *l'infra-tragédie*, "rien n'a lieu...que Lieu" (Mallarmé), encore non-avenu (le Québec d'avant le *Québec*, l'Ontario des "<u>murs de nos villages</u>") traversé par des frontières illusoires mais contraignantes (la "Main" où seul le travesti, comédien et martyr, peut défier un pouvoir corrupteur), aboli par les cataclysmes et les génocides, qui "ne précède plus la carte ni lui survit"

(Baudrillard) comme un Cambodge d'archéologues ou de géologues. Le Sujet n'a plus un statut inexpugnable, ce qui chez Beckett ou Ionesco demeurait la prérogative ultime d'un Krapp ou d'un Béranger, à travers le ressassement ou l'agonie: ici l'innocence est bien "coupable" et comme vouée à une *hamartia* implacable (la justicière est impure et entachée d'orgueil, à l'instar des *oies blanches* représentées dans leur plumage sanglant, signifiées comme jeunes femmes toujours/déjà victimes de leurs illusions; les héroïnes féministes plus ou moins radicales de La lumière blanche accouchent dans les contradictions, se veulent justicières et se constituent en coupables — Œdipes démultipliées — ; le père au surmoi brisé qui n'est plus que *chien*, pauvre bête affolée par ce qui l'attache, et le fils aux semelles de vent engrange des souvenirs "pas disables". Les voix du Sujet éclaté ou étouffé ne parviennent qu' indirectement; la "folie racinienne" ou mallarméenne est indicible: pas de "Suis-je Oreste enfin?", pas d'acte de "souffler" le flambeau de l'esprit hum-ain, mais seulement des *fragments d'une lettre d'adieu*, messages fantomatiques d'un audelà hypothétique, mises en question du Temps.

L'étude de Madame Nutting embrasse donc un ensemble complexe, où l'on retrouve des oeuvres qui semblent relever de la Tragédie selon Aristote et même d'Aubignac ("le premier corpus", où paradoxalement l'oratorio/mystère de Tremblay rejoint les pièces de Grandmont et de Dubé qui se réclament expressément du *canon*: Stéphanie Nutting sait rendre le rapprochement convaincant et même évident) et des productions qui défient les "règles" et les "catégories", qui ne se soucient plus de "grandeur" ou de "noblesse" — préoccupations dont Alonzo Le Blanc était encore leurré —, qui ne reposent plus sur une crise, sur l'affrontement de systèmes de valeurs, sur une résolution plus ou moins hégélienne. L'admirable, c'est que les oeuvres de ce "second corpus" s'avèrent elles aussi pleinement tragiques. Madame Nutting n'a pas joué la facilité en considérant parmi les oeuvres récentes celles dont la focalisation eût encore évoqué le classicisme (Being at home with Claude, L'homme gris) ou celles qui postuleraient une fatalité transcendante (et ici elle me semble bien généreuse en discutant l'hypothèse de Lazaridès concernant le SIDA, car

Ibsen voire même Claudel avaient déjà su jouer sur les rapports existentiels de personnes avec un fléau apocalyptique — la syphilis, la lèpre — et Camus avait tenté, assez malheureusement, d'ajouter une dimension socio-politique à la tragédie de La peste avec L'état de siège). Dans le "second corpus" qu'elle étudie, Stéphanie Nutting découvre le tronc commun à la Tragédie et à ce que Lionel Abel définissait comme Métathéâtre auto-réflexif. Pour le critique américain, l'instance que devaient affronter les héros/protagonistes se définissait en tant qu'Antagonisme suprême, transcendance qui les brisait en les ouvrant à la Reconnaissance (et ici les noms mêmes d'*Antigone*, "qui tient un autre coin" et d'*Athalie* pour qui "ce n'est pas du ressort de la muse comique" semblent programmatiques") demeurait externe, fondamentalement Autre. La présente étude nous fait comprendre que la tragédie ou le tragique peut se laïciser, que le "dieu" de Godot dont l'existence est particulièrement douteuse est tout aussi puissant que le "Dieu des Juifs" qu'Athalie reconnaît comme vainqueur assuré, bref que l'altérité est lovée au sein du/des protagonistes de l'action qu'elle réduit peut-être à l'inaction (le "paradoxe" des infra-héros beckettiens "stripped for inaction" s'explique du même coup). L'introduction du concept de *Tragédie de l'immanence* permet une remontée théorique cruciale; elle permet de réfléchir aux problèmes des rapports entre le tragique et le comique (et d'entrevoir une issue au fameux débat romantique ouvert par le Racine et Shakespeare de Hugo); elle permet de reconsidérer le "Théâtre de dérision", tant dans ses illustrations brechtiennes, sartriennes, ionesquiennes, que chez Michel Tremblay (et j'espère que l'auteure de ce livre aura un jour le loisir d'examiner dans cette perspective A Canadian Play/une plaie canadienne ou Vie et mort du Roi boiteux qu'elle a dû exclure pour l'instant); elle permet de poser le problème douloureux de la "tragédie au féminin", qui n'est plus un processus victimaire mais l'expression d'une *hamartia* qui déborde les schèmes parafreudiens du désir (Phèdre, Lucrèce Borgia) ou d'un pouvoir archaïque (Athalie, Macbeth); elle permet de déceler *le cheminement post-moderne de la représentation* emblématique ou héraldique pour les Palotins de Jarry, évacuant le Héros chez Beckett, en lançant les fragments dans une série kaléidoscopique chez des dramaturges récents jugés *à bon droit déconcertants* comme Koltès ou Novarina (et bien sûr, ici, Normand Chaurette, à qui il faudrait sans doute ajouter Laval Goupil).

Nous sommes donc en présence d'un ouvrage important à bien des égards. Tout d'abord il offre la première approche d'ensemble d'un *topos*, d'un *univers générique*, d'un *horizon ontologique* — la Tragédie étant bien tout cela à la fois — qui, *au coeur des dramaturgies québécoises et canadiennes-françaises* semblait défier la perspicacité des critiques. À ce titre il constitue déjà un outil de travail indispensable. Par ailleurs, il révèle un corpus récent, n'ayant encore reçu que peu d'attention, et décape en quelque sorte les interprétations historiques, psychologiques, socioculturelles jusqu'ici proposées pour des pièces plus anciennes et déjà *reconnues*. Enfin et surtout, il offre une voie d'accès précieuse à l'analyse des dramaturgies post-modernes, excentrées, dé-centrées, "virtuelles" (l'<u>Opérette imaginaire</u>), ailleurs qu'au Québec et au Canada. À ce titre, il mérite l'attention de/sur la scène internationale. Son importance me semble comparable à celle des travaux comme ceux de Steiner, de Domenach, d'Abel: et ce n'est pour moi ni un mince compliment, ni un éloge de complaisance!

Pierre Gobin
Pantin, septembre 1999

REMERCIEMENTS

Je tiens à exprimer ma profonde gratitude envers M. Pierre Gobin, qui m'a inspirée et guidée pendant de longues années. Pour son immense générosité personnelle et intellectuelle je lui rends grâce. Au chapitre des mentors, je tiens à remercier pour leur soutien constant Mme Annette Hayward de Queen`s University à Kingston et M. François Paré et M. Leonard Adams de l'Université de Guelph. Mes remerciements s'adressent aussi à M. William Christian qui se proposa comme éclaireur pour moi à un moment crucial dans mon travail.

D'autres personnes m'ont aidée, notamment pendant la préparation de la thèse de doctorat qui fut la première "incarnation" de ce livre: M. Max Vernet, Mme Lucie Joubert, M. Clive Thomson, Mme Caroline Barrett, Mme Angéla Cozea. Merci aussi à Mme Agnès Conacher qui partage si facilement sa sagesse exemplaire.

Pour leur aide dans la préparation du manuscrit je remercie Mlle Erica Fair, Mme Lisa Yue, M. Matthew Christian et Mme Marie-Christine Forges. Je remercie aussi Mme Natalie Thibault du Musée du Québec, M. Christopher Pinet de la French Review, et Mmes Lise P. Bergevin et Christine Laporte de Leméac Éditeur.

Deux ressources financières ont rendu possible la rédaction et la préparation du manuscrit: une bourse du Conseil des Recherches en Sciences Humaines du Canada et une autre de l'Office of Research de l'Université de Guelph.

Enfin, je voudrais remercier Stefan et Adrian qui savent mesurer si joyeusement l'intensité des mots.

INTRODUCTION

La tragédie dispose, on le sait, d'un très ancien appareil théorique pour se définir. Depuis Aristote, les six éléments constitutifs du genre — fable, caractère, élocution, pensée, spectacle, chant (*mythes, éthos, logos, dianoia, opsis, melos*) — ont servi de paramètres pour constituer une variété de lectures herméneutiques de ce qui était perçu comme un seul et même phénomène. Outre cette combinaison taxinomique, le philosophe grec fournit, dans sa Poétique, une définition plus "syntagmatique" :

> La tragédie est la représentation d'une action noble, menée jusqu'à son terme et ayant une certaine étendue, au moyen d'un langage relevé d'assaisonnements d'espèces variées, utilisés séparément selon les parties de l'oeuvre; la représentation est mise en oeuvre par les personnages du drame et n'a pas recours à la narration; et, en représentant la pitié et la frayeur, elle réalise un épuration de ce genre d'émotion. (Ch. 6, para. 2, vers 24-29)

Depuis, l'embrouillamini théorique est allé croissant. Une chose, pourtant, est évidente: la tragédie ne correspond plus aux normes établies il y a deux mille ans. Elle a revêtu une telle variété de formes, a connu une telle succession d'avatars qu'on ne saurait plus la réduire à un seul modèle. C'est pour cette raison qu'il faut chercher une nouvelle prise sur le sujet. Il est sans doute vrai, comme le prétend George Steiner, que "la" tragédie (au sens où l'entendait Aristote) est morte aujourd'hui. Et pourtant sa fécondité étant apparemment loin d'être épuisée, le concept de tragédie demeure indispensable à une réflexion sur tout un ensemble de productions. Néanmoins, son "utilité" pour la recherche ne doit pas faire oublier une condition importante: il nous faut accepter que la tendance à vouloir trouver une définition fixe de la tragédie est réductionniste et désuète. Aucune nostalgie pour la forme parfaite conforme aux exigences rigoureuses de l'abbé d'Aubignac n'est aujourd'hui de mise. C'est à travers l'imperfection que se présentent les problèmes (peut-être les apories) inhérents à la condition humaine.

En fait, même dans un contexte relativement limité tel que celui de la littérature québécoise, il est discutable que les critères "classiques" soient même appropriés, car il faut placer la dramaturgie tragique dans une perspective historique et tenir compte des variations socio-culturelles. Autrement dit, on peut présumer que ce qui caractérisait jadis la tragédie (en Grèce antique, et subséquemment en France au XVIIe siècle) ne caractérise plus de la même manière la tragédie québécoise et canadienne-française du XXe siècle. Selon la perspective de Friedrich Nietzsche, par exemple, la naissance et l'apogée de la tragédie se situe au Ve siècle av. J.-C. Pour lui, la fusion des pulsions dionysiennes et apolliniennes atteint sa perfection dans le théâtre d'Eschyle et de Sophocle, et à l'époque d'Euripide la tragédie est déjà en sérieux déclin, sinon carrément morte. Selon une telle optique, il ne saurait y avoir de tragédie moderne (alors que personne ne conteste l'existence de tragédies au XVIIe siècle en France ou à l'époque élisabéthaine en Angleterre), et *a fortiori* pas de tragédie québécoise ou canadienne-française.

En ce qui concerne la tragédie néo-classique française, elle serait née, selon Lucien Goldmann, d'une crise de valeurs "supra individuelles" provoquée par l'avènement du rationalisme et l'occultation concomitante de Dieu; cette production culturelle est donc particulière à une vision du monde française du XVIIe siècle. Cette vision étant ensuite révolue, les oeuvres postérieures à la grande époque janséniste ne paraissent plus que des tentatives dramatiques maladroites auxquelles le terme de tragédie ne saurait s'appliquer.

Pourtant, force est de constater la survivance de la tragédie, si morcelée et impure soit-elle, dans la dramaturgie moderne en général et dans la dramaturgie canadienne-française et québécoise en particulier. Les modèles classique et néo-classique ont contribué à former ces productions modernes, en particulier ce qui concerne de nombreuses pièces québécoises ou canadiennes-françaises. Ainsi, les notions philosophiques et esthétiques élaborées par Nietzsche et portant sur le théâtre attique refont surface dans Klondyke de Jacques Languirand.[1] Dans Au retour des oies blanches de Marcel Dubé, un foyer bourgeois à Montréal se dédouble en scène de tragédie grecque avec une intertextualité explicite renvoyant à Antigone et Œdipe roi de Sophocle. En outre, le parricide, thème tragique par excellence, constitue l'action principale dans plusieurs pièces: dans Un fils à tuer d'Eloi de Grandmont, le Chien de Jean Marc Dalpé et également L'homme gris de Marie Laberge; quant à Un Reel, ben beau, ben triste de Jeanne Mance Delisle, l'action y pivote autour d'un autre grand thème tragique: l'inceste. Ainsi sont activés, en milieu québécois,[2] les *topoi* privilégiés des tragédies de l'antiquité.[3]

Pourtant, la dramaturgie québécoise récente ne se contente pas de réfléchir sur des problèmes qui étaient au coeur de la tragédie grecque (l'identité, la responsabilité, la communauté) ou d'actualiser de grands *topoi*. Elle a souvent recours à des techniques qui, dans la Grèce antique, permettaient déjà de conduire de pair une action et une réflexion sur cette action, un mouvement diégétique et une projection mimétique. Pensons surtout au choeur si essentiel dans Sainte Carmen de la Main, dans l'adaptation de Lysistrata faite par Michel Tremblay et aussi, sporadiquement, dans Fragments d'une lettre d'adieu lus par des géologues de Normand Chaurette.

Ainsi, on voit aisément pourquoi Jonathan Weiss, dans French-Canadian Theater, affirme que Sainte Carmen de la Main est construite comme une tragédie grecque (41) et que les rôles des personnages rappellent ceux de l'Antigone de

---

[1] Voir la postface de Klondyke.

[2] Comme l'a bien montré Patricia Smart dans son livre Ecrire dans la maison du père, le parricide constitue un véritable leitmotiv de prédilection dans l'ensemble de la littérature québécoise.

[3] Voir Roland Barthes, Sur Racine. Son commentaire sur les thèmes du théâtre racinien s'applique en fait à la tragédie en général: "L'inceste, la rivalité des frères, le meurtre du père, la subversion des fils, voilà les actions fondamentales du théâtre racinien. (15)"

Sophocle (43). Cependant, l'analyse de Weiss, bien que pertinente, laisse de côté certains problèmes importants qu'il faudra envisager. Tremblay, en désignant sa protagoniste comme "Sainte", brouille un peu les cartes tout en fournissant une nouvelle clef herméneutique; car il nous invite ainsi à considérer Carmen comme l'héroïne d'un mystère, bref comme protagoniste d'une pièce de théâtre *médiévale*.

Ensuite, dans l'optique de la tragédie néo-classique française, la stricte adhésion aux "trois unités" qui a caractérisé la dramaturgie de cette époque semble elle aussi pratiquée dans le répertoire canadien et québécois. Les trois pièces qui constituent le corpus de la première partie de ce livre se soumettent à ces contraintes, et demandent, du même coup, de nouvelles hypothèses pour éclairer les raisons d'une telle préoccupation.

En outre, les vestiges de la tragédie démantelée ne se cantonnent pas seulement dans les pièces "sérieuses". Au contraire, elles retrouvent un très riche véhicule dans la "comédie"[4] — phénomène d'autant plus ironique que, depuis Aristote, on a pris soin de bien distinguer le genre noble de son cousin grossier, la comédie.[5] Témoin le choeur dans Les Belles-Soeurs de Tremblay; les évocations parodiques de la poésie racinienne dans Wouf wouf de Sauvageau, shakespearienne dans Vie et mort du roi boiteux de Jean-Pierre Ronfard et cornélienne dans le Cid maghané de Réjean Ducharme; la réappropriation et le sabotage subséquent des structures tragiques dans les allégories que constituent Hamlet, prince du Québec de Robert Gurik, A Canadian Play/une plaie canadienne de Jean-Claude Germain et Le chien de Jean Marc Dalpé.

Finalement, la tragédie semble très à l'aise dans ce domaine paradoxal. Laurent Mailhot et Jean-Cléo Godin n'ont pas tort de souligner le fait que c'est au

---

[4]Pour une étude sur la comédie, ou plus précisément sur la sotie, voir l'article "La sotie démultipliée" de Pierre Gobin. Dans le domaine du burlesque, que l'on peut tenir pour une forme extrême de la comédie, voir le livre de Chantal Hébert, Le Burlesque québécois et américain: textes inédits, 1989.

[5]Le travail de Northrop Frye, bien qu'il tienne compte des formes hybrides de tragédie et de comédie, s'appuie en général sur les mêmes valeurs préétablies: "high mimetic" versus "low mimetic".

sein même de la comédie que se manifeste le tragique dans le théâtre du vingtième siècle: "Sans doute les princes et autres héros tragiques ne nous atteignent-ils plus, et notre propre "rire amer" nous paraît aujourd'hui plus redoutable que les dieux d'antan" (1: 26).

C'est précisément ce mal de vivre, qui risque à tout instant de basculer dans la folie, qui a été analysé par Pierre Gobin dans son livre Le fou et ses doubles. Dans le contexte du théâtre agonique et du théâtre de la cruauté, Gobin examine la question de la mise à mort tragique. Il est question surtout de Au retour des oies blanches de Marcel Dubé, À toi, pour toujours, ta Marie-Lou de Tremblay, et de deux pièces de Claude Gauvreau; Les oranges sont vertes et La charge de l'orignal épormyable; toutes se caractérisant par une crise ontologique, la "recherche d'un être perdu, d'une identité dispersée" (Gobin 213). Finalement, "Le Héros Tragique" et "Le Fou" se côtoient, esquissant de leur corps les mêmes mouvements d'une danse macabre, et incarnant, *dans* leur corps, le même déchirement.

Un élément constitutif important de la tragédie sur lequel Aristote avait déjà attiré l'attention, c'est la connaissance ou plutôt la reconnaissance, l'*anagnorisis*. Les fous "naturels" en sont le plus souvent dépourvus. "Innocents", ils ne font pas face à l'angoisse ou au déchirement ontologique. Seuls les fous "constitués" assument ce déchirement, pour en jouer. Mais les héros tragiques découvrent le caractère inéluctable de l'impasse où leur destin les a conduits, comprennent la nature du mouvement irréversible qui les entraîne à la suite d'une "faute" à l'origine inconsciente. Pis encore, ils sont incapables, en général, de ruser de façon ludique — comme les fous constitués ou bouffons — avec les forces qui les menacent.

C'est que la violence, qui est au coeur à la fois du tragique et à la tragédie, s'apparente à l'effet de Méduse. Si l'on veut s'approcher de ce monstre, on doit avancer avec précaution, le regard oblique, de peur que la vue de son immense laideur ne paralyse. Pourtant, en renonçant à la fixer dans les yeux on arrive tout de même à saisir ses limites à contre-jour; les contours de sa forme s'offrent malgré tout à notre vision périphérique. Mais le miroir de Persée constitué par son bouclier, et qui permet de renvoyer à elle-même la menace monstrueuse, n'est efficace que dans ce cas limite où le héros peut détruire la Méduse, monstre qui incarne une malédiction *extérieure*. Le plus souvent, le bouclier-miroir ne sert qu'à dévoiler les propres traits du héros, comme en témoigne le fameux *ego phano* d'Œdipe qui se met lui-même en évidence lorsqu'il cherche la source du mal.

Néanmoins, et ceci est absolument fondamental, la reconnaissance n'arrête pas le cours de la lutte du héros ou de l'héroïne, ce qui serait le cas s'il était proprement "médusé". Au contraire, il/elle poursuit sa démarche; le seul fait de continuer constitue ainsi un défi à l'inéluctable. Voilà pourquoi il convient de parler d'abord de tragédie, car elle est le site par excellence de la violence, non d'une violence nihiliste, effarante dans sa suprême négativité sanglante, mais d'une violence paradoxalement positive, qui perturbe l'ordre établi, qui conteste et qui interroge. Il s'agit d'une violence qui résulte du dépassement, d'un dialogue de l'être humain avec "ce qui le passe", et qui s'inscrit dans le temps comme dans l'espace (Morel 7).

Donc, on voit aisément pourquoi il importe justement d'aborder le problème de la tragédie dans le répertoire québécois et canadien-français: il faudrait envisager la "mort de la tragédie" non pas tant comme disparition que comme éclatement et éparpillement des formes qui, pourtant, se manifestent de nouveau au sein du corpus moderne. Ces formes, comme celles de l'art non-figuratif, renvoient au sujet humain, quel qu'il soit, aux traits de sa propre personne, même si ceux-ci peuvent apparaître comme bousculés ou distordus. Le répertoire québécois et canadien-français se présente comme un "patchwork" de structures tragiques, empruntées pêle-mêle aux tragédies grecques, médiévales (mystères et tragédies sacrées) et néo-classiques. En cela ce répertoire offre une espèce de compendium des manifestations dramatiques modernes et post-modernes de partout dans le monde occidental.

Ainsi le but de la présente étude est-il double: d'une part, examiner de façon détaillée chacune des pièces choisies, au sein d'une production relativement abondante, pour leur "représentativité", pour la façon dont elles reconstituent les linéaments brouillés de l'image héroïque de sujets humains. Au delà de la méconnaissance, ces linéaments appellent à la reconnaissance et à la lutte contre l'inéluctable misère qui affecte non seulement tel héros ou telle héroïne, mais tout être humain.

Il s'agira de faire d'abord ressortir la problématique spécifique à chacune des six pièces retenues, et ensuite de chercher le fil conducteur dans ce corpus, d'apparence très disparate, qui permettrait de relier toutes les pièces et d'en dégager les structures profondes afin de pouvoir, à la fin, *esquisser une caractérisation*, c'est-à-dire proposer une *poétique*, de la tragédie québécoise et franco-ontarienne, qui pourrait déboucher sur une exploration de la condition post-moderne partout en Occident.

Vu l'intérêt d'une telle entreprise, on s'étonne du peu de recherches déjà effectuées dans ce domaine pour ce qui est des littératures francophones d'Amérique du Nord, surtout si l'on considère l'importance du tragique et de la tragédie en dramaturgie et aussi en théorie littéraire.

Sur le thème de la violence, il existe l'ouvrage de Jacques Cotnam: <u>Le théâtre québécois, instrument de contestation sociale et politique</u> (1976), mais on est déjà très loin de la tragédie comme phénomène philosophique et esthétique; la seule zone de recoupement étant la violence considérée dans son sens le plus large. La même année a paru le tome V des Archives des Lettres canadiennes, véritable somme critique de plus de mille pages intitulé <u>Le théâtre canadien-français</u>. Dans ce recueil, c'est l'article de Mariel O'Neill-Karch et Pierre-Paul Karch qui soulève la question du tragique. Leur texte, "Le destin tragique de l'homme dans <u>L'exécution</u> de Marie-Claire Blais," fait valoir le principe manichéen qui se trouverait à la base de ce "portrait de la condition humaine abandonnée au Génie du Mal" (645). Mais, une telle interprétation n'embrasse pas l'ensemble du champ tragique ou plutôt s'arrête en chemin: la tragédie doit en effet être associée à la *reconnaissance* et, malgré tout, la poursuite de la lutte contre le "Mal", ce qui exclut "l'abandon".

Du côté socio-historique, Jonathan Weiss trace, dans <u>French-Canadian Theatre</u>, le parcours diachronique du genre jusqu'en 1984,[6] avec un intérêt marqué pour le théâtre après 1968 — année charnière, comme chacun sait, dans l'histoire de la dramaturgie québécoise. C'est dans le cadre de son étude des innovations de Tremblay, et plus précisément au sujet de la pièce <u>Sainte Carmen de la Main</u>, que Weiss évoque la notion de tragédie.

Quant au <u>Théâtre québécois</u>, tomes 1 et 2 (1970 et 1988), de Jean-Cléo Godin et Laurent Mailhot, ces importants ouvrages, qui présentent un éventail d'études présentées autour d'une série de dramaturges, font autorité dans l'enseignement de la dramaturgie québécoise depuis la publication du premier tome. Ce premier volume, qui constituait une introduction à une dizaine d'auteurs, de Gratien Gélinas à Michel Tremblay (dont la plupart, comme Eloi de Grandmont, Anne Hébert, Yves Thériault, Jacques Ferron, Réjean Ducharme..., étaient aussi ou d'abord poètes ou romanciers), met le doigt sur la récurrence de certains thèmes privilégiés : rapports père-fils, orphelin-héritier, solitude de l'hiver, enfance et révolte et violence verbale (2: 15). En ce sens, l'accent est mis sur la portée sociologique des pièces. Dans le deuxième tome, on constate plutôt un phénomène d'éclatement au niveau de la production; "thèse ou propagande idéologique, drame national-familial, improvisation collective, fête folklorique, monologue narcissique...[le théâtre québécois d'après 1968] est tout cela et autre chose, avec les piétinements, la confusion d'une vie adolescente"(2: 16).

Pour Godin et Mailhot, la question n'est pas de savoir si la tragédie québécoise existe, puisque le genre en tant que canon est désormais désuet ("Les genres traditionnels eux-mêmes (la tragédie, le drame, la comédie) ont évolué à tel point que les catégories anciennes sont à peine utiles" (1: 26)). Une telle perspective n'est d'ailleurs pas surprenante si par "tragédie" on entend le genre noble et strictement codifié du XVIIe siècle qui devait répondre à plusieurs impératifs: langue

---

[6]Date de la création de la pièce <u>Ne blâmez jamais les Bédouins</u> de René-Daniel Dubois (alors inédite).

soutenue, écriture en vers; composition en cinq actes (*exposition*, *action dramatique* avec *péripétie* et *reconnaissance*, et ensuite, *dénouement* malheureux ou catastrophique (la mort)); personnages de statut social élevé; action qui se situe à une époque passée (la mythologie, l'antiquité, l'histoire biblique) ou dans un pays lointain et peu accessible (le sérail du sultan, la Chine des philosophes etc.); et enfin, obéissance stricte à la règle des trois unités (action concentrée sur une durée de 24 heures, intrigue se déroulant dans le même lieu (ex. un palais "à volonté", une antichambre), action constituée d'une intrigue unique) (Doucey et al. 143).

Par contre, la nature même du tragique est plus difficile à estimer. Il n'est pas de carte pour naviguer dans l'espace tragique. En fait, plusieurs penseurs maintiennent qu'il s'agit avant tout d'une "essence",[7] d'une "structure fondamentale de l'univers"[8] qui coule entre les doigts comme de l'eau au moment où l'on cherche à le saisir. Clément Rosset, dans le sillage de Nietzsche, va jusqu'à condamner toute tentative d'interpréter le tragique comme "le plus grave des blasphèmes moraux" (18-19), préférant interroger "l'homme [sic] face au tragique."[9]

Comme le sublime, le tragique se dérobe à la raison; pour Nietzsche, c'est surtout l'ivresse dans la souffrance et inversement dans l'effet rédempteur de l'art, c'est-à-dire la communion avec l'unité primordiale (*Ur-Einen*) qui est à la source du

---

[7] "(...) Si la tragédie a disparu, peut-être pour toujours, le tragique, lui, en tant qu'essence, ne saurait disparaître, même s'il a du mal à trouver une forme dans laquelle s'incarner. Il est devenu pour cela plus difficile à discerner, à identifier (...). Cette distinction, tout aisée à saisir qu'elle soit, est surtout théorique, car comment saisir une essence autrement que dans ses formes?" (Lazaridès 31)

[8] "*Tragique* n'est alors pas seulement une épithète associée à *tragédie* (Sophocle, auteur tragique); le mot recouvre une réalité plus vaste et plus profonde, si l'on pense, avec Max Scheler,* que le phénomène du tragique constitue une structure fondamentale de l'univers" (Domenach 25). *(Ici Domenach renvoie, en note, à Scheler, "Le Phénomène tragique", dans *Mort et survie*). Le philosophe Miguel de Unamuno, de son côté, parle du "sentiment tragique de la vie", à partir d'un "saut" existentiel, comparable au saut périlleux (*salto mortale*) mais "immortel".

[9] "Pour nous, le tragique est et sera toujours le *surprenant par essence*; toute tentative de porter atteinte au mystère en essayant d'en rendre compte constitue pour nous le plus grave des blasphèmes moraux, (...). Notre interrogation portera sur l'homme tragique, sur l'homme face au tragique, non sur le tragique" (18-19). Toujours est-il que cette irréductibilité du tragique et de l'homme tragique me paraît beaucoup moins absolue.

tragique. Toutefois, selon Walter Benjamin, la conception nietzschéenne replace le tragique non seulement dans un espace *a-moral* mais aussi essentiellement *an-historique*, et cette vision d'un caractère an-historique est, aux yeux de Benjamin, erronée:[10]

> En renonçant à la connaissance du mythe tragique en termes de philosophie de l'histoire, Nietzsche a payé très cher la possibilité de s'affranchir du poncif de la moralité, qu'on avait coutume d'imposer au tragique. (Benjamin 108)

Pour Domenach, qui voit lui aussi dans la théorie de Nietzsche une énigme métaphysique mais ne s'abstient pas de l'insérer dans une dimension historique, le tragique se manifeste par des causalités aporétiques qui tiennent en échec notre faculté d'intellection. Fortement inspiré par Hegel, et préoccupé par l'inhérente faiblesse humaine (la faute tragique prise selon des dimensions universelles, et articulée en termes de déchéance, abus du pouvoir et division des énergies), Domenach présente cette énigme sous forme de questions paradoxales: "Comment peut-on être à la fois innocent et coupable, heureux et malheureux, libre et soumis à la fatalité? Plus exactement, comment peut-on être coupable *parce que* innocent, malheureux *parce que* heureux, esclave *parce que* libre?" (59).

PROLÉGOMÈNES POUR UNE ÉTUDE DU TRAGIQUE QUÉBÉCOIS

Il importe de se situer quelque part entre les deux pôles que représentent, d'un côté Goldmann — qui situe le tragique dans des conjonctures historiques et politiques très précises — et de l'autre côté, Nietzsche — qui met en valeur la portée métaphysique et mystique du tragique sans se préoccuper de ses spécificités historiques une fois accomplie la "naissance" de la tragédie dans l'Attique du Ve

---

[10] Il est vrai que Nietzsche (comme Artaud plus tard d'ailleurs) s'intéresse surtout à une communion mystique avec le sacré, mais il est également vrai que Nietzsche limite scrupuleusement la période qui marquerait l'apogée de la "vraie" tragédie à la tragédie attique.

siècle av. J.-C.. Autrement dit, la perception de l'intensité des enjeux aporétiques varie avec les sociétés et "s'incarne dans des conflits dont les valeurs sont perçues différemment selon les époques" (<u>Dictionnaire encyclopédique Larousse</u>) mais aussi que la récurrence de relations humaines ou de mythes, qui alimentent la tragédie (le mythe d'Œdipe étant peut-être le plus notoire et sans doute le plus analysé), lui donne un caractère universel. Bref, une étude du tragique québécois devrait être sensible aux modulations de ces deux caractères paradoxalement inséparables.

Voilà la démarche d'Alexandre Lazaridès qui s'interroge sur la manifestation du tragique dans le cadre de l'Occident contemporain. Lazaridès avance l'hypothèse intéressante que la manifestation contemporaine du tragique, telle qu'elle s'annonce dans la littérature occidentale actuelle, est littéralement *incarnation*, c'est-à-dire que son site de réalisation est *dans le corps*, sous forme d'un mal pandémique qu'est le SIDA:

> (...) l'apparition du SIDA a été ressentie comme une forme de fatalité nouvelle, amèrement propice à un sentiment tragique de la condition humaine. (...) Ce que [la nature] contraint les humains à désirer du plus obscur d'eux-mêmes, elle le punit implacablement et, à l'instar des dieux aveugles de la mythologie, elle se montre injuste dans sa toute-puissance. (43-44)

De cette manière, la faute tragique ou *hamartia* (liée en l'occurrence à l'éros) et la fatalité s'incarnent dans une dimension tout à fait *corporelle*. La catastrophe ne paraît plus comme un phénomène qui anéantit de l'extérieur, mais plutôt comme ce qui est *déjà là*, comme une force insidieuse qui détruit de l'intérieur. C'est "la mort dans une vie en cours" pour reprendre l'évocation déroutante de Marguerite Duras, écrite au sujet de la lèpre (<u>Le vice-consul</u>) mais valable aussi pour le SIDA. Comme appel à la responsabilité, la maladie enclenche l'enjeu tragique par excellence, d'où sa dimension universelle. Mais le SIDA est aussi un phénomène qui appartient à l'ère *post-moderne* dans le sens où il déborde les idéologies de la raison et du progrès:

> (...) le SIDA fonctionne comme un mythe, par rumeurs et terreurs, et nous a révélé combien la

> couche rationnelle et scientifique de notre civilisation
> est dérisoire. Un vague malaise, pour ne pas dire un
> certain sentiment de culpabilité s'est réveillé dans la
> conscience occidentale. (44)

Quant à Alonzo Le Blanc, il est un des rares critiques à centrer ses propos spécifiquement sur la question de la tragédie québécoise. Dans son article datant de 1973, il tâche de répondre à la question posée dans le titre "Y a-t-il une tragédie québécoise?" en passant en revue un certain nombre de pièces (provenant surtout de Marcel Dubé et de Michel Tremblay) et en les comparant à une définition plus ou moins rigoureuse de la tragédie. Selon lui, "la première ou l'une des premières tragédies québécoises" serait <u>Au retour des oies blanches</u> de Dubé. Ensuite, Le Blanc identifie la pièce <u>Les oranges sont vertes</u> du poète Gauvreau comme "une authentique tragédie" (107) où l'incommunicabilité et la poésie sont mises au service d'un "conflit métaphysique de première valeur: être ou ne pas être" (108) et où le protagoniste, Yvirnig, fait figure de "véritable Dionysos québécois" (108). De cette manière, l'article met l'accent sur l'importance de l'affirmation dionysiaque, élément fondamental qui "rend possible la tragédie" (95).

En fin de compte, sa caractérisation de la tragédie québécoise est sociologiquement plus circonscrite, mais en même temps plus incertaine puisque exprimée *au futur*:

> Aussi paradoxal que cela puisse paraître, une grande
> tragédie québécoise naîtra le jour où un grand esprit,
> doué d'une extraordinaire puissance d'expression,
> intégrera dans sa conscience les diverses acquisitions
> et les divers conflits qui traversent en ce moment
> l'âme québécoise. Situant son oeuvre dans des
> perspectives universelles, ce dramaturge réunira dans
> sa pièce, comme dans leurs habitat naturel, le langage
> populaire, le langage correct et le langage proprement
> littéraire et poétique. La tragédie d'une nation
> menacée dans son existence s'identifiera alors à la
> tragédie de l'individu solitaire en face de son destin.
> (110)

Il est clair que, pour Le Blanc, la tragédie doit remplir la fonction de "miroir fidèle" de l'histoire de la collectivité. On peut, dans ces conditions, la comparer à l'épopée. Cependant, une telle position prescriptrice ("ceci correspond à une vraie tragédie, ceci ne l'est pas"; "il faudra faire ceci pour obtenir le résultat désiré") est plus difficile à tenir qu'une position descriptive; c'est-à-dire une tentative de cerner la spécificité du tragique québécois à partir de pièces *déjà existantes*. Le Blanc se trouve à cheval entre les deux approches; il identifie très justement la dissolution de la famille et le parricide (plus particulièrement le meurtre du père) comme les préoccupations principales de la dramaturgie tragique québécoise entre 1950 et 1973, époque où il a écrit son article, mais ses réflexions, informées par une vision idéale de la tragédie, finissent par être projetées dans un avenir rêvé.

Mais Le Blanc, écrivant en 1973, ne pouvait prévoir le changement de direction qu'effectuerait l'esthétique tragique dans le répertoire québécois. C'est précisément ce changement que j'essaierai de suivre dans la présente analyse, où l'interrogation d'un "Dieu muet et absent" cédera progressivement la place à une interrogation de la défaillance de la matière — du corps et du monde physique — et à la limite, non seulement des choses mais des mots. Autrement dit, l'interrogation s'exerce de moins en moins sur la transcendance et de plus en plus sur l'immanence.

On voit déjà l'amorce d'une telle évolution dans ce que le philosophe Jean-Marie Domenach, dans le contexte du théâtre moderne essentiellement hors du Québec, appelle l'infra-tragédie. Il s'agit d'une tragédie du quotidien et du dérisoire dont les héros ne sont "ni des monstres, ni des stigmatisés, simplement des gens en train de perdre conscience" (275) à la mesure de la société de consommation toute entière. Cependant, selon Domenach, au sein de cette tragédie entropique, insérée dans une déchéance de masse généralisée, et qui va à l'encontre de ce qui structurait la tragédie autrefois ("caractère, transcendance, affirmation" (265)), il subsiste néanmoins une interrogation (ou attente) de Dieu au delà de la mise en scène immédiate:

> (...) Le mal est plus grand qu'on imaginait, et, à la

> limite, on pourrait se demander de quoi Dieu lui-même est coupable. (...) Dieu meurt ainsi une seconde fois, non plus de l'orgueil de l'homme, mais de son abaissement, non plus de l'*hybris* de Prométhée, mais de l'espérance indéracinable des victimes attendant Godot, de l'humilité pieuse de Winnie enterrée. (277-8)

Cette équivalence ontologique qui associe le monde à une immense mise en scène apparaît également dans les réflexions de Lionel Abel. Celui-ci, en fait, place l'auto-réflexivité dramatique au centre de son analyse dans laquelle il propose un autre genre, le *metatheater*, comme pendant à la tragédie classique. Dans les productions modernes, selon Abel, la reconnaissance (conscience de soi qui conduit à la conscience de l'inéluctable destin) est en fait *antérieure* à l'action, alors que dans la tragédie classique elle fait partie de cette action. "It [metatheatre] is the necessary form for dramatizing characters who, having full self-consciousness, cannot but participate in their own dramatization" (78). C'est surtout selon ce critère de "self-consciousness" que le critique américain établit une opposition entre tragédie et métathéâtre. Cependant, cette auto-réflexivité constitutive aide plutôt à définir un autre avatar du tragique moderne.

Au delà de la tragédie "morte", pour reprendre les termes de Steiner, il existe donc des avatars comme le théâtre de l'absurde (infra-tragédie) et le métathéâtre (dont l'interrogation passe par l'auto-réflexivité). Or, si l'on retrouve des manifestations de ces deux avatars, on voit aussi l'évidence d'un troisième que l'on pourrait appeler la *tragédie de l'immanence*.

TRAGIQUE OU TRAGÉDIE?

Bien sûr, on admet généralement que le tragique trouve son expression la plus pure dans les tragédies grecques, et plus tard, dans les tragédies "classiques" en France et, selon certains, dans les tragédies élisabéthaines en Angleterre, mais que le tragique en tant que tel n'est pas une forme fixe.

Pris dans sa dynamique peut-être la plus dépouillée, on dit souvent que le tragique naît d'un conflit qui oppose l'être humain à des principes moraux ou religieux supérieurs. Ce conflit peut être décrit, ainsi que le fait Morel, comme l'occasion d'un "dialogue entre l'homme et ce qui le passe — et parfois ce peut être lui-même" (7). Mais on affirme également que le tragique se confond parfois avec "des dénouements sanglants et des sacrifices mortels", tandis que la tragédie, elle, fait intervenir un aspect fondamentalement humaniste qui "dit aussi l'espoir de l'homme debout qui lance un défi à un monde difficile à déchiffrer, ou à l'injustice divine, de l'homme qui se confronte aux lois de la cité, et présume parfois de ses forces" (<u>Dictionnaire encyclopédique Larousse</u> 10340-1).

Ainsi, bien qu'il soit associé au victimaire et aux réflexions sur la cruauté, le tragique incorpore et dépasse ces éléments pour en arriver toujours à un "plus". On convient en général que le tragique n'est pas simplement une affaire d'accidents ou de cadavres,[11] que l'inscription de la mort, si terrible soit-elle, ne suffit pas pour rendre une pièce tragique.[12] La mise à mort ritualisée n'est pas non plus un critère admissible, car dans ce cas là, les pièces comme <u>A Canadian Play/une plaie</u>

---

[11] "Répétons-le une dernière fois: le tragique ne se confond pas avec la tragédie; mais c'est elle qui nous permet de le caractériser, et l'on ne saurait les dissocier, sous peine que l'épithète se gaspille jusqu'à l'insignifiance en désignant n'importe quel fait divers un peu saignant. 'Tragique méprise', 'tragique collision'... Non, tous les accidents ne sont pas tragiques, tous les amants meurtriers ne sont pas des 'amants tragiques'. Le vrai tragique, ainsi qu'on le pressent dans la tragédie, est toujours au-delà du fait lui-même, si horrible soit-il; toujours lié à un 'plus', à cet élément mystérieux, à cet agrandissement métaphysique qui réalise une trans-substantiation des caractères et des sentiments, et confère à l'événement une signification sans commune mesure avec la quantité de larmes et de sang qu'il provoque. Le tragique nous introduit à un domaine où nos catégories habituelles sont défiées: c'est à la fois souffrance et joie, esclavage et liberté, prière et impiété, grâce et damnation..." (Domenach 58).

[12] A cet égard Aristote est formel: "Ceux qui, par les moyens du spectacle, produisent non l'effrayant, mais seulement le monstrueux, n'ont rien à voir avec la tragédie (...)" (Ch. 14, para. 53b, vers 9-11). Cependant, au chapitre 11, il reconnaît, dans l'effet violent, une partie intégrale de l'histoire tragique; d'où une des tensions qui existent dans la *Poétique*:
"Voilà donc deux parties de l'histoire: le coup de théâtre et la reconnaissance; une troisième est l'effet violent. On a déjà parlé du coup de théâtre et de la reconnaissance; quant à l'effet violent, c'est une action causant destruction ou douleur, par exemple les meurtres accomplis sur scène, les grandes douleurs, les blessures et toutes choses du même genre" (Ch. 11, para. 52b, vers 9-14).

canadienne de Jean-Claude Germain et Hamlet, prince du Québec de Robert Gurik, et même Vie et mort du roi boiteux de Jean-Pierre Ronfard se placeraient nécessairement sous le régime du tragique. Elles sont satiriques et parodiques. Si elles sont tragiques, c'est d'une façon tellement auto-dérisoire que l'intensité tragique se dissipe aussitôt.

Les distinctions établies plus tôt sont convaincantes et assez claires, mais sont-elles opératoires dans le domaine de la tragédie québécoise? D'abord, afin de pouvoir répondre à cette question, il faudrait peut-être réexaminer encore les termes. A la différence du substantif "le tragique", "la tragédie" a gardé une dimension spécifique au théâtre, et donc constitue un terme extrêmement utile dans l'analyse théâtrale. Cependant, même si l'on convient que la pratique de la tragédie est "morte" (ce qui est loin d'être acquis!) ou même si l'on convient qu'elle désigne un ensemble de codes dramatiques très restreints (virtuellement figés dans un néo-classicisme dépassé), cela voudrait-il dire que "le sentiment tragique" est aujourd'hui sans manifestation? La tragédie, ne peut-elle pas, elle aussi, évoluer?

En allemand, les mots *Tragödie* et *Trauerspiel* existent dans un rapport différentiel, ce qui a fourni à Walter Benjamin les deux termes du modèle théorique, qui a servi de point de départ à la réflexion de Steiner après son constat de la "mort" de la tragédie:[13] à la transcendance de la tragédie il oppose l'immanence du *Trauerspiel* ("jeu de lamentation"); de même, il oppose les héros de la tragédie aux martyrs et tyrans du drame baroque; et enfin au silence de l'une il oppose la loquacité de l'autre. Le critique allemand propose l'hypothèse convaincante que la tragédie

---

[13]"Tragic feelings, in the sense assigned to them by Aristotle's Poetics and Nietzsche's Birth of Tragedy, are experienced by the spectator. They refine, enrich and bring into tensed equilibrium the inchoate muddle or incipience of the spectator's emotions. But fundamentally, tragedy does not require an audience. Its space is inwardness and the viewer aimed at is 'the hidden god'. *Trauer*, sorrow, lament, the ceremonies and memorabilia of grief. Lament and ceremonial demand audience. Literally and in spirit, the *Trauerspiel* is a 'play of sorrow', a 'playing at and displaying of human wretchedness' (George Steiner dans son introduction à The Origin of German Tragic Drama (17)). Le "jeu de la lamentation" a été du reste pratiqué au Québec par J. Robert Remillard. Il convient de noter toutefois que dans le domaine francophone, les pièces cérémoniales mettent en scène des pompes funèbres, plutôt qu'une agonie. C'est pourquoi je n'ai pas retenu la pièce de Remillard (par exemple) pour mon étude.

allemande (le *Trauerspiel*) n'a rien à voir avec la tragédie grecque et qu'elle est née plutôt des mystères du Moyen Âge. Les nuances sémantiques déjà existantes entre *Tragödie* et *Trauerspiel* facilitent justement l'articulation d'une telle distinction.

Malheureusement, on ne dispose pas des mêmes précisions langagières en français et doit se rabattre sur les deux termes existants — *tragique* et *tragédie* — tout vagues et usés qu'ils soient. Je me propose en fait d'exploiter son caractère flou, et ce faisant, rendre à la tragédie son sens le plus large, le plus populaire — sans doute le plus anarchique aussi — mais qui a l'avantage de permettre une analyse à la fois contemporaine et descriptive.[14] Selon cette optique, est tragédie (contemporaine) toute pièce qui met en scène, c'est-à-dire qui *donne à voir,* la déchéance de la condition humaine ("the wretchedness of the human condition"), ou ce que Pascal appelle "la misère" de l'homme sans Dieu.[15] Le tragique, donc, serait ce noyau irréductible, cette structure métaphysique fondamentalement paradoxale au coeur de la tragédie et qui informe celle-ci; ou, faudrait-il dire, pour être plus exact, au coeur *des* tragédies, car les réalisations du tragique peuvent être très diverses selon les époques et les valeurs culturelles différentes.[16] Le tragique ainsi envisagé, comme phénomène évolutif avec une nature curieusement bipartite, est essentiellement résistant à la fossilisation.

Ceci dit, il existe une certaine constellation lexicale, sorte de *vocabulaire du tragique* dans la société occidentale, dont les éléments circulent et refont surface à travers les âges. La problématisation de la responsabilité, le mythe, la fatalité, la

---

[14]On pourrait aussi créer une autre expression du genre: "drame tragique" pour distinguer la dramaturgie contemporaine de la dramaturgie ancienne. Mais une telle désignation paraît à la fois pompeuse et absurde: pourquoi ne pas accepter que "tragédie" s'emploie couramment pour désigner "drame tragique"?

[15]Bien que cette description fût originalement celle du *Trauerspiel* (sous la plume de Steiner), elle paraît assez souple et assez simple pour s'appliquer également à la tragédie moderne.

[16]Presenting the tragic as something universally human is a vain attempt," déclare Benjamin (101-102) en 1925. Cette affirmation paraît d'autant plus valable si l'on considère que la tragédie en tant que genre dramatique serait essentiellement *étrangère* aux cultures africaines par exemple (cf. George Steiner, La mort de la tragédie), ou encore Bernard Dort qui réfléchit aux "sociétés sans théâtre."

reconnaissance de l'inéluctable, l'angoisse, la transcendance et l'appel à l'héroïque, tous ces éléments rivalisent pour occuper la place prépondérante dans un système donné. Malheureusement, ou heureusement, les éléments de cette constellation ressemblent aux morceaux disparates d'un mélange de plusieurs casse-tête. Le défi consiste finalement à choisir ceux qui permettent le mieux de caractériser ce que l'on peut appeler le tragique québécois.

Mais par où commencer? Bien qu'il existe une remarquable prolifération de théories portant sur le tragique, les penseurs et les critiques sont presque tous unanimes sur un point: le tragique appelle l'héroïque, et il le fait en problématisant son enjeu principal, la responsabilité. Il serait donc intéressant d'analyser le corpus québécois à la lumière de cette prémisse. La question serait alors de savoir comment les pièces évoquent les notions de l'héroïsme et de la responsabilité, deux idées qui se trouvent toujours paradoxalement associées quand il s'agit d'assumer l'inacceptable.

Toutes les pièces que j'ai choisies problématisent précisément la notion de responsabilité, et ainsi toutes les questions connexes comme la fatalité, la liberté, la reconnaissance, voire la distinction entre le Bien et le Mal. Dans toutes les pièces, la mort est présente comme présupposé. Au scandale associé à cette limite normale de la condition humaine s'ajoute, dans au moins un des cas, le scandale de la déshumanisation, du monstrueux. Se peut-il que le tragique, après tout et en dépit de tout son immense potentiel d'abstraction, ne puisse jamais vraiment se détacher de sa matière primaire qu'est la *chair*?

La première pièce, Un fils à tuer (1950) d'Éloi de Grandmont, s'avère très proche du modèle classique du tragique. Ici c'est le système patriarcal qui est mis en question: le fils conteste l'autorité du père et finit par payer cette insubordination de sa vie. La pièce se veut iconoclaste par rapport aux valeurs "historio-hagiographiques" d'une époque[17] qui ornait l'histoire des premiers défricheurs d'une auréole

---

[17]Joué pour la première fois en 1949 et publié un an plus tard.

utopique. Grandmont propose une autre lecture historiographique, préférant opposer à la vision quasi-mystique des pères-fondateurs une perspective grinçante, brutale. Se dessine alors une histoire autre, celle des pères dénaturés qui peuplent aussi bien la chronique et la légende que l'univers des fictions, ces pères qui, depuis Agamemnon ou Abraham, et sans doute avant, "passent sur le corps de leur enfant pour rejoindre un idéal qu'ils estimaient *plus que le sang*" (Montherlant 16).[18] De plus, chez Grandmont, cette dureté qui caractérise le père et qui commande la dynamique de la pièce se trouve reflétée dans l'austérité extrême qui caractérise aussi bien l'action que le décor.

Dans Au retour des oies blanches (1969) de Marcel Dubé, le patriarcat, qui était demeuré intact malgré tout chez Grandmont, s'effondre à la suite d'une démystification dérisoire menée par Geneviève, la jeune héroïne intransigeante, qui rappelle un peu l'Antigone d'Anouilh, mais en plus fragile. Le tout se complique davantage par le fait que le "père" auquel Geneviève s'attaque n'est pas son vrai père, l'intrigue tournant justement autour de la révélation de cette paternité illégitime. La confrontation a lieu dans un cadre bourgeois où priment les résonances psychologiques et les contraintes sociales.

La pièce se déroule dans le cadre d'une famille bourgeoise moderne; elle est riche en personnages et en coups de théâtre, comme si la multiplication des éléments était la mesure même de la décadence des sujets qu'elle présente. Ce n'est donc pas un hasard si les critiques la rapprochent du mélodrame, même si la structure et les allusions tragiques concourent à dénoter la "tragédie". Par ailleurs, cette confusion concernant le genre s'étend aussi à l'action. Si, comme dans Un fils à tuer, le projet tragique se cristallise en une dénonciation du père, la trame de la pièce se décolle de son propre projet, aboutissant non pas à l'infanticide, comme dans la pièce de Grandmont où le fils est abattu par le père, mais au suicide de la fille, à la suite d'une

---

[18]Les ressemblances entre Un fils à tuer de Grandmont et Fils de personne de Montherlant sont frappantes, tant sur le plan de l'intrigue que sur le plan de l'esthétique (d'un dépouillement très poussé).

découverte insupportable: elle était l'amante de son père naturel.

Dans Sainte Carmen de la Main de Michel Tremblay, le rapport de pouvoir s'articule peut-être autrement mais il est toujours possible de déceler la problématique de l'enfant vis-à-vis de ses origines, que celles-ci se manifestent sous la forme du père brutal, chez Grandmont, du père hypocrite, comme chez Dubé, de la pègre montréalaise, comme chez Tremblay. Dans tous les cas, le fils ou la fille (ou l'orpheline, dans le cas de Carmen, la protagoniste de Tremblay) tente de s'affranchir d'un "foyer" oppressif, même si la contestation ne s'articule pas de la même façon. Avec Sainte Carmen de la Main, on est loin des intrigues bourgeoises et psychologiques de Dubé et encore plus loin des préoccupations théologiques, axiologiques voire ontologiques de Grandmont. L'histoire d'une chanteuse western assassinée par le chef de la pègre montréalaise (ou plus précisément par le suppôt de celui-ci) paraît encore plus irréductible à la tragédie canonique (qu'elle soit grecque ou "classique" dans la tradition française). Pourtant, cette pièce est à notre avis la plus complexe et la plus ambitieuse des trois premières pièces, car elle jette un pont précisément entre trois espèces différentes de tragédie: elle évoque la tragédie grecque par la mise en place d'un choeur *impliqué* dans l'action; la tragédie française classique par la mise en valeur des trois unités; et l'infra-tragédie moderne, dite "absurde", par la mise en forme d'une déchéance qui se traduit par une anesthésie collective.[19] De ces trois premières pièces, celle de Tremblay est la plus "moderne", car elle fait intervenir une esthétique de l'absurde qui brouille la résolution et, par là, élimine toute possibilité de purgation, tant pour ce qui est du héros (expiation) qu'en ce qui concerne le spectateur ou la spectatrice (*catharsis*). Mais chaque pièce tend à programmer sa réception. En effet, elle s'auto-désigne comme "tragédie" et, par là, affiche sa propre *insécurité*. Tout se passe comme si l'action ou le *mythos* des

---

[19] Voici la caractérisation de cette infra-tragédie moderne que donne Domenach: "Au contraire du tragique ancien, qui monte, celui-ci descend; au contraire du tragique ancien, qui traduit les messages d'un monde ineffable, celui-ci bavarde; au contraire du tragique ancien, qui naît du conflit et y culmine, celui-ci grandit dans la satisfaction et la quiétude. C'est la chute de l'être dans l'insignifiance, *der Verfall*, la déchéance." (246)

pièces ne suffisait pas à caractériser les pièces comme des tragédies contemporaines *authentiques*. Dans cette optique, les stratégies formelles des trois tragédies évoquent des connotations de contrainte (dans le sens de contrôle et d'intervention) et de manipulation. Ceci est particulièrement surprenant à l'époque actuelle où sont privilégiées l'interprétation ouverte et la souplesse dans les formes et dans le sens. La notion de l'authenticité, comme celle d'ailleurs de l'origine ou de la Loi, semble hanter les trois pièces — et ce, tant sur le plan thématique que sur le plan formel.

Cette adhésion à un code formel inspiré par la définition de la tragédie d'Aristote dans La poétique opère une mise à distance; elle "éloigne le récit du réalisme quotidien et le maintient dans les sphères de la grandeur" (Dictionnaire encyclopédique Larousse, 1985) Paradoxalement, l'éloignement du quotidien qui serait nécessaire à la grandeur semble aussi être nécessaire à l'authentique, et aussi au légitime. Ainsi l'authentique, comme le légitime, reposent-ils, en toute apparence, sur la stricte application d'un ensemble de codes qui ont pour fonction d'orienter la réception de la pièce. On aura d'ailleurs l'occasion de revenir à la question des rapports entre la contrainte et la manipulation, car de telles stratégies se manifestent ailleurs dans le présent corpus, sous d'autres formes.

Or, si l'adhésion aux trois unités constitue une énigme dans le contexte du théâtre québécois moderne (énigme à laquelle, d'ailleurs, j'ai tenté de proposer une explication), les fameuses unités offrent néanmoins un critère irréfutable, une espèce de cartographie familière et nette qui à la fois oriente et délimite le champ de l'analyse. Cette coïncidence formelle n'est pas entièrement attribuable à une quelconque "vague" classique qui aurait traversé la dramaturgie québécoise ni même à un modèle culturel fondateur. Bien sûr, les collèges puisaient surtout dans les sources "classiques" pour établir leur répertoire didactique, ce qui devait forcément avoir un impact indéniable sur les dramaturges en herbe. De même, le répertoire classique des Compagnons de Saint-Laurent, première grande troupe de théâtre du Québec, eut une influence profonde sur l'esthétique théâtrale de l'époque. Mais les textes de la première partie s'échelonnent sur une période de vingt-sept ans: Un fils à tuer, présenté en 1949, fut publié un an plus tard; <u>Au retour des oies blanches</u> fut créé en octobre 1966 et publié en 1969; et <u>Sainte Carmen de la Main</u> fut joué pour la première fois en juillet 1976 et publié la même année. Les pièces de Grandmont et de Dubé sont séparées par un intervalle de dix-sept ans. L'idée donc d'une vogue n'explique ni la durée ni la portée du phénomène.

Qui plus est, le principe des trois unités ne peut plus, dans le Québec moderne, chercher sa raison d'être dans les préoccupations originelles qui ont provoqué son émergence au XVIIe siècle, à savoir les soucis de vraisemblance, et de bon goût ("être capable d'englober par l'esprit un ensemble bien limité" (Pavis 1987, 430)). Aussi le recours de dramaturges québécois, représentant trois générations, à un même paradigme classique doit être, forcément, d'un autre ordre. Mais lequel? Si la réponse ne se trouve pas dans l'examen des conditions socio-culturelles, sans doute faut-il la chercher *à l'intérieur* des oeuvres en question, dans leur mécanique interne et individuelle.

Quant à la deuxième partie de la présente étude, les différences structurales et thématiques entre les trois pièces sélectionnées sont encore plus marquées. J'ai décidé d'y regrouper une pièce franco-ontarienne, une pièce féministe récente et une pièce "écologiste" ou tiers-mondiste. Mais ces trois pièces ont en commun la mise en évidence d'une lutte contre une fatalité ou un destin entièrement immanents.

<u>Le chien</u> (1987) de Jean Marc Dalpé, oeuvre franco-ontarienne, se trouve à la charnière entre les pièces qui la précèdent et celles qui la suivent. Au confluent de deux tendances, elle met en scène l'affrontement entre fils et père tout en dépassant ce niveau de conflit pour poser des problèmes d'ordre ontologique, dont, en particulier, celui de la mort "infestant" la vie dans l'abject.[20]

Cette pièce permet d'éclairer les pièces québécoises en marquant justement un passage entre les pièces du premier type (qui mettent en scène une thématique du parricide et du défi aux valeurs conservatrices ambiantes) et celles du deuxième type

---

[20]Selon un processus analogue à celui que décrit Julia Kristeva dans <u>Pouvoirs de l'horreur</u>.

(qui s'établit dans une structure plus éclatée, et qui pose le problème du corporel et de la défaillance de la matière en général).

L'abject et la mémoire constituent une préoccupation double. La mémoire nous y est présentée comme le seul recours possible pour constituer une temporalité aléatoire. Désormais la mémoire — avec ses dérèglements et ses structures fantasmatiques/oniriques — se conjugue non seulement au passé, mais aussi au présent et au futur. Ce phénomène a des incidences cruciales sur l'élément tragique dans son ensemble et sur l'inscription de la fatalité en particulier: si celle-ci est inscrite dans une temporalité à rebours, c'est-à-dire dans une temporalité de la mémoire humaine, elle se manifeste aussi dans un mécanisme anamorphique, qui fonctionne comme un miroir déformé de l'abject.

Quant à la deuxième pièce de cette section, sa présence constitue une réponse à la question: existe-t-il une tragédie au féminin au Québec? J'entends par là une tragédie qui propose un *autre modèle tragique*, qui se tient à l'écart peut-être du modèle éminemment masculin qu'est le modèle oedipien (présent, à la limite, dans toutes les tragédies classiques) et qui pose d'autres questions ou qui problématise autrement les grandes questions habituellement associées au tragique.[21] C'est à ce titre que La lumière blanche (1989) de Pol Pelletier a attiré mon attention. Cette pièce met en scène l'histoire non pas d'une *victime* anéantie par les représentants d'un statu quo corrompu ou injuste mais plutôt celle d'une héroïne consciente de la crise et l'assumant à tel point que les notions de bourreau et de victime tombent, inopératoires et que la question de la responsabilité se pose avec d'autant plus d'acuité et d'urgence.[22] La pièce est construite non pas selon un principe arborescent et transcendant (le héros luttant contre un ordre supérieur et définissant à son tour un ordre "vertical") mais selon un principe de réseaux "rhizomatiques" potentiellement infinis où même la protagoniste est multiple.

---

[21]Les questions comme la fatalité, la liberté, la culpabilité dans l'innocence, le pouvoir, la mort.

[22]L'héroïne trouve la mort soit par une auto-immolation, soit (apparemment) aux mains de ses consoeurs également héroïques.

De plus, comme chez Dalpé, la structure de la pièce est hautement réflexive. "Cette pièce se veut un agrégat de jeux dans des jeux dans des jeux," souligne la dramaturge dans les indications préliminaires qui précèdent la pièce. Or, s'il s'agit de "métathéâtre" ou d'une "metaplay," pour emprunter le terme de Lionel Abel, elle est toujours et avant tout une tragédie, appelée ainsi par la dramaturge elle-même.[23]

Voilà qui mène à une des questions fondamentales de cette deuxième section: dans la dramaturgie québécoise et franco-ontarienne moderne, le métathéâtre et la tragédie semblent se recouper, voire s'imbriquer. Pourtant Lionel Abel maintient — et il n'a sûrement pas tort, pour autant qu'il recourt à un modèle classique pour définir la tragédie — que les deux "genres" s'excluent mutuellement.

Ce même paradoxe vaut pour Fragments d'une lettre d'adieu lus par des géologues (1986) de Normand Chaurette qui, placés en dernier, fait infléchir la discussion vers la réflexivité post-moderne. Ici, le protagoniste a déjà disparu; sa mort précède l'action, et l'action se présente comme un effort déroutant de reconstituer le héros tragique bribe par bribe, à travers les témoignages des géologues qui formaient son équipe au Cambodge et aussi à travers ses propres écrits fragmentaires et énigmatiques. Bref, il s'agit d'une archéologie/écologie du héros que les témoignages des autres ne peuvent ni cerner ni comprendre, malgré leurs prétentions scientifiques. Les traces du héros ne sont plus alors que des ruines; toutefois le projet de celui-ci, bien que mystérieux, consiste sans doute à résister à la "glaciation du sens" (Baudrillard) qui le menace de toute part.

Dans un monde fictif où la frontière entre événement attesté et mensonge vacille, où sens et non-sens se côtoient au point d'indifférenciation, où se situe désormais "l'homme [sic] tragique" de Rosset ou celui, semblable, mais à caractère plus existentiel, de Domenach? Est-ce que le tragique, fondamentalement humaniste, a fini par succomber au nihilisme? Faudrait-il désormais parler non pas de anti-héros

---

[23] "*La lumière blanche* a été un succès./ On a dit, entre autres: «Enfin, une autocritique du féminisme.» Parce que le personnage se donnait la mort. Oui, c'est vrai, en partie. Je cherche la vérité. Pas les écoles./ C'était surtout une tragédie" (Joie 59).

mais, pire, d'anti-sujet?

Il est dès lors possible de poser un certain nombre de balises qui découlent de ces remarques préliminaires. Premièrement, il y a la notion de responsabilité, déjà effleurée ici; ensuite le concept de l'*individu* en tant que tel, qui semble être au centre de l'interrogation tragique. Sans doute ceci a-t-il frappé Le Blanc; mais ce critique, en pleine révolution tranquille, l'avait articulé plutôt en termes de collectivité et d'identité nationale. Or, que ce phénomène soit articulé en termes de lutte nationaliste ou non, il n'en reste pas moins que les protagonistes d'actions individuelles sont associés à une fonction en toute apparence *emblématique*.

Or, l'emblème, comme représentatif d'une chose abstraite, est une représentation, au fond, particulièrement *désincarnée*. Pourtant, dans toutes les pièces analysées ici, il est question d'une très grande *corporalité*, une espèce de fascination pour la *matérialité du corps*, sa destruction ainsi que sa reproduction. Bref, l'idée de la métamorphose reçoit un traitement privilégié dans ce corpus.

Ainsi, ce corpus, bien que limité, permet de suivre le mouvement qui va d'une tragédie "quasi-classique" dans sa construction et dans sa thématique à une oeuvre "déconstruite" où le tragique s'inscrit dans la catastrophe du langage. Cette évolution a pour jalons des oeuvres qui se présentaient toutes, à des degrés divers, comme les drames d'une révolte contre une fatalité immanente, l'exploration de la faute et des efforts "agoniques" pour retrouver l'intégrité de sujets dépossédés de leur projet, de leur territoire, de leur insertion dans le temps, ou même éclatés dans leur être.

CHAPITRE PREMIER

Un fils à tuer

> (...) ce théâtre est une école de corruption et de scélératesse où l'on foule aux pieds les vertus les plus saintes, où l'on étudie à présenter sous les couleurs acceptables le suicide, le parricide, le viol, l'adultère, l'inceste, et tous les vices (...).[24]

> Le drame est un jeu, un jeu de l'homme et du destin, un jeu dont Dieu est le spectateur. Il n'est que spectateur, jamais sa parole ou ses gestes ne se mêlent aux paroles ou aux gestes des acteurs; (...). (Lukács 1911, 246)

J'estime, avec Max Dorsinville, que l'on ne peut étudier le théâtre québécois sans d'abord réfléchir sur les rapports entre la prédominance, très tôt, du théâtre classique européen et le rôle des ecclésiastiques qui favorisaient celui-ci (Dorsinville 180). On sait que, depuis le début de la colonie, les Jésuites accordèrent une place importante dans leur système d'éducation aux divertissements dramatiques — surtout des tragédies sacrées (mystères, passions) et des drames moraux (appelés "pastorales" chez les Ursulines). Ce théâtre était néanmoins soumis à des règles sévères: les tragédies devaient être "rares et en latin, sur un sujet sacré et pieux";[25] les personnages et les costumes féminins y étaient interdits et toute pièce était sujet à un

---

[24]Propos des curés de la ville de Montréal, sur ordre de l'évêque, Mgr Bégin, publiés le lendemain de la visite tumultueuse de la célèbre tragédienne, Sarah Bernhard, rapportés d'abord dans "À propos de théâtre", La semaine religieuse du Québec 277 et repris dans Laflamme et Tourangeau 241. Voir "L'affaire «Sarah» à Québec" et "Sarah à Montréal" dans Laflamme et Tourangeau 236-246.

[25]De Rochemonteix 167-168, cité dans Laflamme et Tourangeau 55-56.

examen scrupuleux avant d'être représentée. Evidemment, la composition d'une oeuvre théâtrale par un professeur de la maison permettait souvent de faciliter ce contrôle.

Du côté des autorités civiles, on encourageait parfois la représentation de certains succès de la cour de France dont, notamment, plusieurs pièces de Corneille, l'auteur préféré.[26] Toutefois l'activité scénique demeure en général loin des représentations à la mode en France. Comme le notent pertinemment Laflamme et Tourangeau (d'après le travail d'André Paquet): "Se retrouvant dans les mêmes conditions théocentriques que l'Europe du Moyen-Âge, la Nouvelle-France recrée inconsciemment, dans sa production théâtrale, les caractères médiévaux: *Passion, Mystères, Jeux* et *Moralités*" (57).

Au XIXe siècle le décalage culturel va s'accentuer. Malgré les efforts de quelques laïcs (Quesnel par exemple), c'est pour l'essentiel sous l'égide du clergé que la fragile institution théâtrale sera maintenue, de façon sporadique, du moins en milieu francophone, la production en français par des militaires anglais ne constituant qu'un phénomène périphérique. Au XIXe en particulier quelques ecclésiastiques écrivaient pour la scène et montaient des spectacles dans les collèges. Même les pièces écrites par d'autres que des clercs étaient fortement marquées par les modèles qui prévalaient dans leurs institutions d'enseignement. Ainsi, en dépit des réticences, ou même de la franche hostilité de nombreux ecclésiastiques au sujet de l'activité théâtrale en général, c'est en grande partie autour de l'Église que se maintenait une certaine activité dramatique.

Au XXe siècle, de nouveau, les clercs ont largement contribué au renouveau théâtral qui s'est étendu à une communauté élargie à partir des collèges. Ce renouveau théâtral comporte, notamment, la fondation en 1937 de la troupe des Compagnons de Saint-Laurent — "un groupement d'avant-garde mixte, qui s'est donné

---

[26]Je limite les références à la tragédie. Mais on jouait également des comédies, notamment du Molière. Dans ce cas cependant le clergé était plus pointilleux. Sur cette question, voir "l'Affaire du Tartuffe" dans Laflamme et Tourangeau 58. Sur la question du "Garrison theatre" voir l'article que lui a consacré Natalie Rewa dans <u>The Oxford Companion to Canadian Literature</u>.

29

comme idéal de servir la foi par le théâtre".[27] Les jeunes comédiens y interprétaient des "classiques anciens et contemporains, depuis Molière à [sic] Claudel, dans un climat d'élévation morale et de culture spiritualiste" (Laflamme et Tourangeau 316). Sachant marier moralité et excellence scénique, cette troupe *exemplaire* (*exemplum*) participait, sous l'oeil approbateur de l'Église, aux moyens "d'assainir le climat du théâtre étranger" (Laflamme et Tourangeau 317).

À peine quinze ans plus tard l'un des Compagnons, Jean-Louis Roux, tiendra le rôle de Jean dans Un fils à tuer de Grandmont.[28] Cette pièce se situe donc peu après la période 1939-1945, l'époque où le théâtre réhabilité par les clercs était inspiré par les modèles "classiques" français.[29]

Il n'est pas surprenant alors que les paramètres classiques aient une incidence déterminante sur l'économie de la pièce. Rigoureusement fidèle au principe des trois unités, elle est délimitée dans le temps par une rotation du soleil et se joue dans l'espace exigu d'une habitation austère du début de la colonie. Quant à l'intrigue, elle se compose d'une action très concentrée, "chargée de peu de matière" comme eût dit Racine, avec seulement une vague sorte de péripétie à l'acte II, scène 2 (où Hélène essaie de prévenir Jean de l'instabilité du Père). Cette forme dépouillée plut aux critiques de l'époque qui y voyaient un heureux mariage entre élégances stylistiques et formes précises.[30]

Concordances explicites donc, avec le théâtre du XVIIe en France, soulignées

---

[27]Émile Legault. Cité originalement par Jean Béraud dans 350 ans de théâtre au Canada français 230 et rapporté ensuite par Laflamme et Tourangeau 315.

[28]Il est à noter également que la pièce, sous sa forme publiée en 1950, est dédiée à Jean-Louis Roux.

[29]Dans Les feluettes de Michel Marc Bouchard, on retrouve justement ce thème des tragédies sacrées présentées dans le contexte collégial, où les collégiens sont appelés à jouer le rôle des saints et des membres de leur entourage. Dans le cas de Bouchard, le dramaturge donne à ces dramatisations des vies de saints une dimension mystico-érotique.

[30]Voir Charles Hamel 1949. Le format de la pièce semble avoir changé depuis ce compte rendu de la représentation basé sur le manuscrit, et la publication de la pièce un an plus tard. Elle se composait alors de "trois actes et cinq tableaux."

également par Laurent Mailhot: "Le drame est intense, sobre, ramassé, stylisé. Nous sommes à ce «jour fatal» de la Thébaïde ou de Phèdre" (Mailhot, Théâtre québécois I, 70). Mais il est possible d'avancer l'hypothèse que, si ces concordances se cristallisent avec plus de clarté dans la forme, il ne s'agit absolument pas de simple *patine* classique avec un "pastiche" stylistique ni même de recours à un modèle structural en conformité avec les préceptes de Boileau: les concordances classiques s'étendent jusqu'à une certaine vision du monde, ou plus précisément, à une certaine vision du tragique.

Mais examinons d'abord les écarts que présente la pièce de Grandmont par rapport à ses modèles. C'est sur le plan *thématique* que s'affirme le plus nettement la rupture: à la différence de ce que l'on trouve dans le répertoire classique, l'action de la pièce ne fait pas intervenir de personnages nobles; elle se développe en un lieu spécifique (non abstrait), c'est-à-dire dans l'univers rural de la Nouvelle-France, et donc plus proche de ce que connaît le public canadien-français de l'époque. Contrairement à ce que l'on pourrait trouver dans le répertoire produit par les clercs, l'histoire n'est pas édifiante (même si elle incite à réfléchir à un paradigme), ne fait pas intervenir activement la volonté de Dieu (même si le père semble confondre son autorité avec Elle), n'invoque ni grâce ni miracle.[31] Par surcroît, la postface qui précède l'appendice nous apprend que, pour le dramaturge, l'historio-hagiographie[32] officielle des débuts de la colonie est rébarbative:

> Je ne voulais pas que les personnages de ma pièce ressemblassent à ces bonshommes, tous vrais petits saints, qui, nous enseigne-t-on souvent, peuplaient la Nouvelle-France.
> Pas d'égarements humains, pas de tragédie, dit un grand auteur. (93)

Ainsi s'agit-il d'un effort de démystification du passé et des personnages qui peuplent

---

[31]A la différence d'Abraham sacrifiant du calviniste Théodore de Bèze, ou même d'Iphigénie de Racine.

[32]Terme de Mailhot.

l'Histoire officielle. Le sujet était d'ailleurs inspiré dans une large mesure par le souvenir de lectures historiques et, en particulier, par le <u>Journal d'une expédition contre les Iroquois en 1687</u> écrit par le chevalier de Baugy, aide de camp du marquis de Denonville.[33] Si de Grandmont cite la lettre de Baugy à son frère (datée de Québec, le 22 novembre 1682), c'est pour établir, sur le plan historique, la vraisemblance de sa pièce. On y retrouve des allusions au "biscuit poury", au "froid desespere" de l'hiver, à la "chaleur insupportable" de l'été , et aux "sauuages" (sic) qui portaient leurs pelleteries aux "Hollondois et aux Anglois", défiant ainsi les commerçants français. Est encore plus significatif le dernier paragraphe où il est fait mention d'un jeune Canadien français, désireux d'aller en France, qui sollicite l'appui de Baugy.[34]

DEUS ABSCONDITUS

Voilà pour le cadre historique; quant à la fable, elle se résume en peu de mots. Après avoir fait une fugue de deux jours dans le bois, le fils Jean, en loques et inconscient, est ramené à la demeure familiale par ses parents. C'est sur cette image percutante du fils brisé par les éléments et récupéré presque à l'état de cadavre par le Père et la Mère,[35] que le rideau s'ouvre ("Ils entrent en portant Jean, l'un par les épaules, l'autre par les jambes, comme des fossoyeurs qui vont mettre quelqu'un en terre" (13)). Sur le plan symbolique, la pièce est déjà jouée. Pour le reste, on assiste à des "tableaux" où Jean, exprimant sa volonté ferme de partir, bute contre

---

[33]Documents réunis par Ernest Serrigny. Ernest Leroux, éditeur, Paris 1883. Cité en appendice dans <u>Un fils à tuer</u> d'Eloi de Grandmont 94-99.

[34]Voici le paragraphe en question: "Ioublois de vous mander qu'un jeune homme de ce païs ma prié de luy donner une lettre pour vous [le frère de Baugy]; comme il fort bon garçon, ie luy en ai donné une; si il vous la porte ie vous prie de le bien recevoir; (...) ce nest pas qua dire la vérité son pere est le plus honeste du Canada" (99).

[35]Les parents sont désignés ainsi tout au long de la pièce, avec une lettre majuscule en position initiale. Aussi les parents s'y manifestent-ils comme des rôles plutôt que comme des caractères.

l'interdiction redoutable du Père. A la fin, celui-ci, emporté par une colère déchaînée, abat son fils unique. Conformément aux impératifs classiques, la mort survient hors de la scène. La boucle est bouclée au moment où la dépouille est ramenée sur le théâtre.

Gilles Marcotte, s'il admire l'écriture et le style de la pièce, a raison de souligner le manque d'action dans la pièce: "Strictement, dans Un fils à tuer, il ne se passe rien. Le meurtre final? Cet événement extérieur n'importe guère s'il ne marque le terme d'une évolution intérieure des personnages. Or justement: il n'y a pas d'évolution intérieure." (9). En fait, comme l'observe Mailhot aussi, certains passages de la pièce semblent lui donner raison:

> LE PÈRE — Que s'est-il passé entre vous?
> LA MÈRE — Rien. Des mots, rien que des mots.
> (55)

Pourtant ce même reproche vaudrait pour Phèdre ou même, à en croire Barthes, toute l'oeuvre de Racine, qui n'est qu'un théâtre de *mots;* mais ces mots se substituent à la violence physique, pour manifester la mort dans toute sa pureté.[36] Ce serait donc caractéristique que le langage y supplante l'action; c'est lui qui établit la suprématie de la mort: il la prépare, il l'exprime, il en purifie l'idée.

Par ailleurs, dans la pièce de Grandmont, cette absence d'action, cette immobilité de l'intrigue, est à la fois représentation de l'univers stagnant auquel Jean se bute ("Non. Ce n'est pas moi que je fuis. C'est l'immobilité" (34).) et l'effet d'un enjeu plus vaste. L'immobilité est, en un mot, le temps de la tragédie.

Comment désigner cette torsion temporelle: temps stupéfié, détérioration temporelle, temps mort...? Et comment l'expliquer? Un schéma relationnel qui s'inspire des réflexions de Roland Barthes éclaire ce phénomène de façon probante, chose d'autant plus remarquable que le schéma en question s'applique originellement au

---

[36]Barthes: " La mort physique n'appartient jamais à l'espace tragique: on dit que c'est par bienséance; mais ce que la bienséance écarte dans la mort charnelle, c'est un élément étranger à la tragédie, une « impureté », l'épaisseur d'une réalité scandaleuse puisqu'elle ne relève plus de l'ordre du langage, *qui est le seul ordre tragique; dans la tragédie, on ne meurt jamais, parce qu'on parle toujours*" (11-12) (je souligne).

théâtre classique de Racine. Suivant cette optique, le conflit se distille en un rapport d'autorité que l'on pourrait représenter par l'équation suivante:

>A a tout le pouvoir sur B
>B refuse de se plier à la volonté de A[37]

Tel est précisément le rapport de forces dans Un fils à tuer. C'est la liberté de son fils que le Père veut posséder et il choisit, à l'instar de tous les tyrans de l'univers racinien, le *pouvoir absolu* et non pas l'autre possibilité, *l'amour absolu* (qui ferait basculer d'ailleurs du tragique au sacré, avec apothéose plutôt que catastrophe). L'exercice du pouvoir absolu, qui cherche à établir l'ordre immobile face à un refus absolu, établit les conditions d'une lutte, c'est-à-dire d'un *agôn* tragique.

Mais cette manie de l'Absolu n'est nullement fortuite; et tous les deux, le fils autant que le Père, en sont affligés. C'est l'effet daguerréotype: tel un négatif photographique où la valeur des tons est inversée, le personnage de Jean revêt les mêmes traits, la même volonté de fer, le même mépris du compromis, que son modèle antagonique (le Père); seulement les valeurs sont antithétiques. L'observation de la mère ("LA MÈRE: J'ai déjà entendu ces paroles, et de la bouche de ton père"), ainsi que les propos de Jean lui-même, ne font que confirmer ce schéma.

>Vous êtes dangereuses toutes deux! Toi, maman, tu sais bien que la seule chose qui peut empêcher un homme d'agir à sa guise, c'est ce poids mort de la femme qu'il traîne derrière lui toute la vie. (24)

Ces propos étranges et méprisants auraient pu sortir de la bouche du père. Ils brouillent la distinction rassurante qui séparait Père et fils, bourreau et héros. Dorénavant le désir de la liberté prend une tournure noire, se mêle à un potentiel de cruauté sans bornes:

>Je suis maintenant prêt pour les pires aventures et incapable d'accorder une parcelle de mon coeur à qui que ce soit. Je suis vidé de tout. Je suis libre! J'ai acquis la liberté de faire souffrir sans remords. (27)

---

[37]Chez Barthes, il y a une deuxième proposition qui se lit ainsi: "A aime B, qui ne l'aime pas" (29).

Ainsi, le fils est une figure à la fois opposée et semblable à celle du Père — en position chiasmatique avec elle. Les deux personnages, le Père autant que le fils, représentent une vision extrême de la liberté: celle du bourreau. Peut-être avons-nous ici une manifestation de *l'hybris*; l'arrogance d'un être qui se soustrait aux contraintes éthiques du monde humain et divin qui l'entoure. Sous ce rapport, le "statut" du protagoniste est ambigu; il est affecté d'*hybris,* certes, mais son antagoniste lui sert de "modèle", ce qui confirme l'ambiguïté de la pièce en tant que tragédie.

Mais il est question aussi, sur le plan ontologique, du "tout ou rien"; d'un besoin de l'Absolu et d'un mépris de demi-mesures qui provoquent une rupture insurmontable entre l'être et le monde. Bref, s'oppose à l'ambiguïté fondamentale du monde une exigence non moins fondamentale de valeurs absolues et univoques. Du coup, la conscience tragique du personnage s'aperçoit de l'incongruité radicale entre elle et son univers (Goldmann 65). Si la conscience tragique ne souffre pas de demi-mesures (le "tout" ou "rien") sa *Weltanschauung* inflexible finit par conduire le protagoniste, à l'instar de tout un cortège de personnalités tragiques (Antigone, Phèdre, Penthée *et al.*), à sa ruine.

Cette aliénation profonde, ce gouffre infranchissable qui sépare le héros tragique de son monde n'est le propre ni du théâtre attique ni du théâtre classique, bien que s'accusant avec autant d'insistance dans les deux (sans parler des formes hybrides ou modernes à caractère tragique): et dans les deux cas, il est la marque d'une crise aiguë entre l'humain et le divin:

> Ajax et Philoctète, Œdipe, Créon, Antigone expriment et illustrent à la fois une seule et même vérité: le monde est devenu confus et obscur, les dieux ne sont plus unis aux hommes dans une même totalité cosmique(...). Ils sont séparés de l'homme, ils sont devenus ses maîtres; mais leur voix éloignée est maintenant trompeuse, leurs oracles sont à double sens, l'un apparent et faux, l'autre caché et véritable, les exigences divines sont contradictoires, l'univers est équivoque et ambigu. Univers insupportable pour l'homme, qui ne peut plus vivre désormais que dans

l'erreur et l'illusion. (Goldmann 54)[38]

Il en est de même de la "tragédie du refus" du XVIIe et du XVIIIe siècles qui exprimerait, "comme toutes les autres formes de conscience et de création tragiques, une crise de relations entre les hommes, ou plus exactement entre certains groupes d'hommes et le monde cosmique et social" (Goldmann 58).

De la même façon, une crise de relations est au coeur de la pièce de Grandmont. Située au XVIIe siècle (temps des défricheurs de la colonie, mais aussi époque de la production du théâtre racinien), elle exprime aussi une forme de déchirement de la conscience québécoise entre le souci de rester et celui de partir, de s'enraciner ici et de fuir vers l'ailleurs. Elle témoigne en outre, chez le fils qui veut retourner vers les rives de la Seine comme chez le Père qui veut poursuivre le défrichement des bords du Saint-Laurent, d'une profonde insatisfaction devant le monde, qu'il soit "d'ordre" ou de "mouvement", d'un refus du compromis qu'imposerait la société, et de l'exaltation orgueilleuse de sa vision personnelle. Toutefois son regard humain, qui vise à l'absolu, ignore le regard de Dieu, ou plutôt le plie à sa propre *Weltanschauung*.

Or, le problème central de la tragédie est un problème de *regard*. Le héros ou l'héroïne tragique vit *en permanence* sous le regard de Dieu (ou des dieux, dans le cas de la tragédie attique) et le problème est de savoir si l'être humain sur lequel est tombé le regard de Dieu peut encore vivre (car vivre, comme le note Goldmann, c'est vivre *dans le monde* qui est par nature ambigu et équivoque). L'univers tragique, comme l'explique Lukács, est exigeant: "Tout compte dans la tragédie, tout compte avec une force égale et un poids égal. Il y a en elle un seuil de possibilité de vie,

---

[38]Dans son introduction à Œdipus the King, Bernard Knox explique le contexte social dans lequel Sophocle rédigeait ses pièces: "(...)Sophocles was dealing with matters that had urgent significance; prophecy was one of the great controversial questions of the day. It was in fact the key question, for the rationalist critique of the whole archaic religious tradition had concentrated its fire on this particular sector. Far more than prophecy was involved. For if the case for divine foreknowledge could be successfully demolished, the whole traditional religious edifice went down with it. If the gods did not know the future, they did not know any more than man "(137).

d'éveil à la vie (...)" (L'âme et les formes 251).[39]

Un fils à tuer participe, à plusieurs égards, de cette même vision tragique qui est à l'oeuvre dans le théâtre appelé "du refus" par Goldmann, c'est-à-dire celle dominée par la présence divine et informée par la pensée janséniste. Le Dieu de Racine réapparaît cette fois-ci dans le Nouveau Monde, immense terre sauvage qui résiste farouchement à ce Dieu rigoureux et muet exporté du Vieux Monde.[40] C'est par le travail (la prétendue "mission" de défrichage et d'implantation de la colonie) que l'on arrivera à la dompter.

Maintenant, si la Nature constitue l'espace *de la liberté* par excellence, elle n'en est pas moins l'espace *de la mort*. Ce profil ambivalent trouve son expression la plus cohérente dans les propos acidulés de Jean: "Pourquoi ne m'a-t-on pas laissé mourir? Un homme heureux qui meurt, dévoré par les loups, dans la forêt du Nouveau Monde, c'est joli il me semble" (18). Un beau spectacle pour qui? Ce trépas envisagé, au milieu d'un océan de pins verts, rappelle l'énigme célèbre: "Si un arbre tombe dans la forêt, est-ce que quelqu'un peut l'entendre?"

La première fois que Jean s'est livré à la forêt, il a failli mourir; la deuxième fois, il succombe. Le fait que la mort survienne aux mains du Père ne change nullement la dynamique spatiale: l'intérieur égale prison mais survie, l'extérieur égale libération mais au prix de la mort. Serait-on autorisé à voir là une métaphore de la *survivance* culturelle, métaphore destinée à instruire les Québécois sur le continent nord-américain?

Chose curieuse, l'extérieur apparaît comme un immense espace (et non pas territoire) *indifférencié*. On parle de "la forêt" comme d'une zone abstraite, alternant selon la saison entre le blanc et le vert, le froid ou la chaleur. Il y a là quelque chose de fondamentalement déroutant — le monde vu à travers les yeux d'un voyageur

---

[39]"Alles zählt in der Tragödie und alles zählt mit gleicher Kraft und gleichem Gewichte. Es gibt hier eine Schwelle der Lebensmöglichkeit, des Zum-Leben-erwacht-Seins, was aber leben kann, ist immer gegenwärtig, und gleich gegenwärtig, ist immer alles. Das Vollkommen-Sein ist das Da-Sein des Menschen der Tragödie (Die Seele und die Formen 336)."

[40]"Vere tu es Deus absconditus," écrira Pascal (Pensées, section VIII, fragment 585).

égaré. Cette idée d'indifférenciation évoque une observation de Northrop Frye:

> It seems to me that Canadian sensibility has been profoundly disturbed, not so much by our famous problem of identity, important as that is, as by a series of paradoxes in what confronts that identity. It is less perplexed by the question "Who am I?" than by some such riddle as "Where is here?" (Frye The Bush Garden 220).

Cette question "Où est ici?" présuppose des points de repère *pré-existants*, des marqueurs fiables et universels que l'on peut intérioriser. Et s'il n'en existait pas? Ce serait la déroute, l'angoisse devant l'insoutenable indifférenciation de tout ce qui entoure (comme ceux qui deviennent "bush crazy," atteints d'une maladie de l'espace). Le devoir du défricheur c'est précisément de réinventer son espace — et ceci est important — ; il le réinvente *à son image*, créant ainsi une géographie autre selon un modèle antérieur. Bref, il s'agit d'un geste physique, le geste du défricheur, qui *convertit* l'espace par la force, et convertit, du même coup, l'imaginaire. Le devoir, le travail, la "mission", le *déi-frichage* (sic) conjugue sainteté et force: "Nous avons des terres à faire.(...) Nous devons nous imposer ici, imposer notre nom, devenir des maîtres (59)". Toutes ces valeurs du Père s'insèrent donc dans une vision du monde où la communauté prime sur l'individu et qui prend les allures d'une épopée quotidienne offerte au regard implacable de Dieu.

> LA MÈRE- (...) Dieu nous regarde et il faut avoir confiance: il t'inspirera ton devoir.
>
> LE PÈRE, *avec une étrange lueur dans les yeux -*
> Nous sommes enfin alliés. C'est mieux ainsi. Et, tu as raison: Dieu est avec nous. (62)

Cette fin du deuxième acte sonne comme un cri de ralliement avant la bataille.

Tant qu'elle n'est pas redessinée, la Nature se présente comme une force ennemie potentiellement dévastatrice et *dévoratrice*, qu'il faut combattre avec fermeté afin de survivre. Inutile d'insister sur le fait que la victoire va toujours du côté des hommes chez qui la masculinité se présente à l'état "pur" (aux hommes "en bon métal solide, sonnant clair" (84)).

Par le biais d'un télescopage paradoxal, Jean est associé au même pays sauvage qui risque de le détruire. Tantôt "jeune cheval fringant", "animal sauvage"(45), tantôt "femmelette", il fait figure de proie humaine dans une tragédie qui est, comme <u>Les bacchantes</u> d'Euripide, un scénario de chasse. Seulement, le Dieu de la fable n'est pas ce Dionysos qui intervient en chair et en os, assumant la forme d'un bel androgyne aux boucles blondes et aux lèvres vermeilles; c'est plutôt le Dieu austère du XVIIe siècle, *Deus absconditus*, d'autant plus redoutable qu'il est caché. Mais le Dieu caché est encore plus redoutable si un *être humain* prétend en être le mandataire. Si, dans <u>Les bacchantes,</u> l'*hybris* de Penthée le désigne à la colère du dieu et à la condition ironique de proie, dans la pièce québécoise, c'est non seulement le gibier (Jean) mais aussi celui qui s'arroge le rôle de chasseur "désigné" ou mandaté par Dieu (le Père), et prétend donc manifester le caché, qui sont des cibles pour le *Deus absconditus*.

Or, dans <u>Un fils à tuer</u>, ce défrichage-mission-travail-de-démiurge sera lié non seulement à l'idée de soumission ("Le pays nous résiste et il faut le dominer" (15)) mais aussi à la notion de *purification*. Une fois acquis que Jean partira et que personne ne saurait le retenir, le Père l'accable d'injures; "Arrête ces plaisanteries, dégénéré. Tu aurais quelque vice, quelque pourriture cachée, je n'en serais pas étonné"(86).

Il s'agit d'un reniement du fils (le contraire d'une reconnaissance). Curieusement, en reniant le fils, le Père perd son autorité paternelle, biblique, divinement fondée sans les termes d'Ancien Testament. Ce "fils ordurier" (87) représente désormais tout ce qui est abject, tout ce qui est d'une bassesse *organique*. Dès lors, le véritable sens du défricheur se révèle; c'est le "Grand Nettoyeur," arrachant à la Nature son chaos, ses éléments cachés aux hommes, et purifiant de cette façon son infâme saleté. Donc, si le Père n'a pas sur son fils d'autorité paternelle, il s'arroge une autre autorité conférée par la "mission" de défricheur (qu'il assume en vertu d'une idéologie exprimable en mots: il faut extirper "la pourriture cachée" (86)) et, dans son *hybris*, la pose en absolu (ce qui, croit-il, lui donne le droit de tuer l'élément sauvage).

Sauvage et sensuel,[41] Jean incarne ce qui est, pour le Père, *fondamentalement mauvais* dans la Nature. La rigueur absolue du devoir de celui-ci ne lui permet aucune déviation, aucun compromis, sous peine d'être frappé d'insuffisance. Ayant assumé une mission qui ne tolère aucune défaillance, il assume l'attitude finalement, d'Abraham sacrifiant,[42] mais à cette différence près —, et c'est en ceci que réside le vrai sens tragique de la pièce —, Dieu ne désamorce pas l'acte meurtrier. L'interprétation erronée de son devoir conduit le Père à sa perte. A la fin il se retrouve seul, déchu, devant la nature atroce de son crime.[43]

Dans la mesure où elle marque une révélation identitaire, la reconnaissance coïncide avec la catastrophe: lorsque la Mère prononce le mot "Assassin!" et que ce cri retentit sur la scène, l'image du pieux serviteur de Dieu et du Roi s'écroule. A sa place demeure celle du criminel. Pourtant, on ignore si la reconnaissance (*anagnorisis*), c'est-à-dire le "renversement qui fait passer de l'ignorance à la connaissance" (Aristote 71 (ch. 11, 52a, vers 30)) peut s'effectuer chez le Père. En tant que prise de conscience, cette reconnaissance, bien que préparée et esquissée par la transgression finale, n'est que potentielle. Si le sujet tragiquement trompé croit jusqu'à la fin qu'il peut vivre sans compromis en imposant au monde ses exigences, la reconnaissance détruit cette illusion. Toute horrifiante qu'elle soit, celle-ci amorcerait le passage de

---

[41]Dans son analyse de la pièce, Godin met l'accent sur la sensualité du personnage, l'associant aux bourgeons et à la sève comparés à la froideur associée au Père.

[42]La première tragédie française originale est l'*Abraham sacrifiant* de Théodore de Pèze, représentée à Lausanne en 1550. Elle était inspirée par le zèle religieux et l'ardeur militante et mettait en scène un dénouement heureux. Cf Morel 11-12.

[43]Cette notion d'*interprétation erronée* des exigences chrétiennes et le risque corollaire d'*égarement* représentent un écueil sérieux pour l'être du XVIIe siècle: "Pour trouver Dieu, il faut donc savoir distinguer le *vrai* sens des Écritures, la *vraie* Église, et le *vrai* Prêtre, de ce qui est seulement manifestation en apparence ecclésiastique et en réalité mondaine des faux justes et des chrétiens charnels. Or, — et c'est en cela que réside dans le sens propre du mot *tragédie* —, le fidèle n'a aucun moyen de faire efficacement par ses propres lumières le partage" (Goldmann 93).

l'illusion à la vérité, ce qui, du même coup, présuppose une vérité ou une volonté divine qui *peut être connue*.

L'originalité de la pièce de Grandmont repose en grande partie sur la confluence de deux types de tragédie: celle avec péripétie et reconnaissance comme <u>Andromaque</u>, <u>Britannicus</u>, et <u>Bérénice</u>; et celle du type de <u>Phèdre</u>, <u>Iphigénie</u>, <u>Bazajet</u> et <u>Mithridate</u>. Le premier type correspond *grosso modo* au schéma tragique dont le Père serait le protagoniste (certes, il faut nuancer, comme l'on a vu précédemment, et affirmer que la prise de conscience chez le Père n'est pas entièrement réalisée). Le deuxième correspondrait au schéma tragique du Fils qui sait clairement, *dès le début*, qu'aucune conciliation n'est possible avec le monde (le noyau familial) qui l'entoure, dépourvu comme il est de conscience. La pièce est ainsi à la fois une tragédie "pure" et stricte et une tragédie clivée, à la fois lieu d'exercice d'une certaine "liberté" en action, et zone au delà de l'action (le Fils a déjà tenté de fuir avant le lever du rideau; sur ce point il diffère des héros de Racine qui n'ont pas encore "déclaré" leur projet).

La passivité relative de Jean renforce alors les échos de la Passion. Au lever du rideau, il y a la configuration d'une mise au tombeau chrétienne; à la fin, les propos de la victime qui pardonne à son bourreau (en l'occurrence le Père): "Ma seule tristesse est de vous quitter, car si peu que vous m'ayez compris, je n'en ai pas moins continué de vous aimer" (88).

Des deux personnages, c'est le Père qui est le plus pathétique à la fin parce que sa conscience est fausse (ou faussée), et parce qu'il n'atteint jamais à une "générosité" héroïque assumant son propre destin, ou à une espèce de sagesse "heureuse", forme embryonnaire de sainteté, comme le fait Jean. D'ailleurs, il y a dans le discours du Père une supplication qui révèle la fragilité du personnage, et qui laisse apercevoir la crainte d'insuffisance et le doute qui minent l'arrogance du prétendu héros. Ostensiblement dirigée vers la Mère, ces propos semblent, curieusement, chercher un autre interlocuteur, constituer un appel fervent à celui qui distribue tous les rôles:

> LE PÈRE, pitoyable. — Si seulement je trouvais un

> appui en toi, si j'avais reçu de toi un seul mot, je ne
> dis pas de confiance, mais d'encouragement, penses-
> tu que je ne me sentirais pas plus fort? Je ne suis pas
> si méchant que tu crois. Quelle sorte de plaisir
> prendrais-je à jouer le tyran au milieu des miens?
> Car, tyran, ogre, croque-mitaine, voilà bien mon rôle
> à tes yeux! (61)

Finalement, incompris par sa famille et coupé de tout dialogue avec son Dieu, le Père se meut dans la plus parfaite aliénation. Il se conforme ainsi au Père (un P majuscule) qui hanterait l'imaginaire québécois et qui apparaît "comme un être absurde, amputé de sa fonction",[44] sa fonction étant celle de transmettre non pas le passé mais l'avenir. Sans doute une telle lecture risque d'être réductrice. Trop souvent, dans les productions qu'analyse Lalonde, la figure du Père est aplatie, *trop exécrable*, pour s'insérer dans la problématique de la tragédie telle que définie par Aristote.[45] L'important, sûrement, est que les personnages tragiques, c'est-à-dire ceux dont le malheur fait la catastrophe tragique, ne soient — pour reprendre la célèbre injonction de Racine — "ni tout à fait bons ni tout à fait méchants." Pour inflexible et aveugle que soit Thésée, il ne cesse d'aimer son fils, même au paroxysme de sa malédiction. C'est pourquoi réduire les termes de cette ambivalence revient à amputer une oeuvre de sa portée tragique. Malheureusement, un tel schématisme n'est pas tout à fait absent dans la pièce de Grandmont. Voilà sans doute pourquoi Mailhot parle, à son sujet, du rituel ancien qui "se détraque rituellement, se vide de l'intérieur, dévoile son squelette"(68).

En revanche, le "dessèchement" du modèle tragique permet de mieux percevoir la problématique proprement québécoise. Tous les critiques sont d'accord pour insister sur les dimensions sociologiques incarnées par cette dynamique père-fils: l'adaptation au Nouveau Monde, les relations avec la France, le conflit des générations, l'héritage, la fidélité et l'autonomie, le renversement des principes et des

---

[44] Michèle Lalonde et al. 219.

[45] Je pense par exemple à L'homme gris de Marie Laberge.

valeurs, le conflit entre l'individu et la communauté, ces questions cruciales pour la littérature québécoise se posent avec netteté dans la pièce. Du coup, on comprend que Grandmont a eu raison de s'inspirer d'un modèle tragique. Sans aucun doute, la tragédie est-elle un des meilleurs véhicules pour de telles réflexions, car s'inspirer de la tragédie classique, c'est soulever *ipso facto* la question de la filiation et de la paternité. Le prototype tragique ne remonte-t-il pas à Œdipe? La paternité, comme la Loi, n'est-elle pas le canevas sur lequel se dessine la transgression, et ce, à même la littérature au féminin?

> La mort du Père enlèvera à la littérature beaucoup de ses plaisirs. S'il n'y a plus de Père, à quoi bon raconter des histoires? Tout récit ne se ramène-t-il pas à l'Œdipe? Raconter, n'est-ce pas toujours chercher son origine, dire ses démêlés avec la Loi, entrer dans la dialectique de l'attendrissement et de la haine? (Barthes Le plaisir du texte 75-76)

Quant au parricide ou à l'infanticide, Aristote proclame lui-même que la violence la plus apte à susciter la frayeur et la pitié est celle qui surgit au coeur des alliances:

> (...) comme un meurtre ou un autre acte de ce genre accompli ou projeté par le frère contre le frère, par le fils contre le père, par la mère contre le fils ou le fils contre la mère —, voilà ce qu'il faut rechercher. (Aristote 81, ch. 53b, vers 20-23)

Aussi ne suffit-il pas simplement de chercher à représenter le monstrueux pour qu'il y ait tragédie; la violence gratuite entre personnes chez qui il y a relation de neutralité ou même chez qui il y a hostilité n'est pas de la même espèce que la violence proprement tragique qui s'exerce entre des proches. La clef de la *catharsis* se trouverait donc non pas du côté de la haine ou de l'indifférence, mais du côté de l'*amour*, ou plus précisément de l'*amour corrompu*.

Autrement dit, la tragédie c'est une "affaire de famille". Au sein de la dramaturgie québécoise, l'incidence élevée de meurtres ou de suicides en famille est extraordinaire. En témoignent le meurtre du père dans L'homme gris, celui de la soeur dans Un reel, ben beau, ben triste, le suicide de la fille dans Au retour des oies blanches. On pourrait aussi évoquer Le marcheur d'Yves Thériault et Le jeune Latour de Gérin-Lajoie, pour ne nommer que quelques-uns des textes.

Dans tous ces cas, c'est le Père qui nous est présenté comme répugnant et qui fait figure d'antagoniste.[46] Tyran dissolu au sein de la famille et qui vit dans l'illusion et l'absolutisme, il finit presque toujours par détruire les siens. Comme figure emblématique, on lui impute, avec justesse, le sens d'un passé récent à refuser: "Un fils à tuer" affirme Mailhot "c'est au fond un père à tuer."

Cependant, si l'on accepte la parenté avec la tragédie française du XVIIe siècle, une partie de l'équation tragique manque. On se souviendra que Dieu, le Monde et l'Homme sont les éléments constitutifs de la tragédie racinienne "du refus". Il en va de même pour la tragédie de Grandmont, mais les critiques ne se sont attardés sérieusement que sur les deux derniers, le Monde et l'Homme. Pourtant, la grandeur tragique est ainsi, alors évacuée — le squelette qui en reste, "vidé de l'intérieur," ressemble moins aux grandes tragédies classiques qu'au drame familial.

Si les conflits sont d'ordre moral, psychologique et social, ils sont, en dépit de l'interprétation de Mailhot, *aussi métaphysiques*. Nous avons vu l'importance du drame sacré comme prototype pédagogique dans l'implantation du théâtre en Nouvelle-France. Une telle particularité historique, combinant ses effets avec l'importance attachée à l'héritage "classique," éclaire certains aspects de la pièce de Grandmont.

Sur le plan esthétique, la métaphysique est déjà inscrite dans la structure de la pièce et l'intérêt naît précisément de la crise qui s'opère à ce niveau. Une symétrie se dessine entre la relation disjonctive père-fils et la relation Père divin-serviteur (c'est-à-dire, en l'occurrence, père de famille qui est aussi "fils"). Le père, quel que

---

[46] Un autre répertoire, "comique" "pathétique" ou "grinçant" présente le Père comme méprisable ou l'évacue (cf. En pièces détachées de Tremblay, Diguidi, diguidi de Germain, Quatre à quatre de Garneau etc.).

soit son statut (terrestre ou céleste) a besoin du fils pour accomplir son devoir:

> Tu ne comprends donc pas que ton fils s'en va, qu'il quitte notre maison, que tout s'effondre, que nous ne sommes plus rien, que le pays qui a des fils pareils n'est plus rien, que c'est la mort. Tu entends, c'est la mort.(87)

Mais les exigences sont excessives; l'épopée quotidienne se dégrade en une mise en scène de l'impuissance.[47]

Si Un fils à tuer est incontestablement la présentation d'un "père à tuer", il reste que la disparition du père ne ferait qu'aggraver le mal. A l'instar de ce qui a lieu dans Hamlet, Le spectre d'un père assassiné tend à dominer complètement la vie du fils et ne lâche jamais prise. Par ailleurs, il n'est sûrement pas fortuit non plus que la littérature québécoise soit peuplée d'orphelins; l'absence du Père se fait donc sentir alors de manière plus aiguë. Comme instance à la fois absente et présente, le père de l'orphelin, c'est le Père caché, analogue du Dieu caché des jansénistes.

L'orphelin et le défricheur se trouvent du coup livrés l'un comme l'autre à une sensation d'abandon; l'un réinvente son présent et son passé, l'autre son espace. Pourtant, ce dernier, croyant graver dans la Nature l'image de son Dieu caché, ne fait que la réinventer à sa propre image.

---

[47]Selon Patricia Smart, la littérature québécoise est hantée par le leitmotiv du "fils impuissant". (332-333)

CHAPITRE DEUXIÈME

Au retour des oies blanches

> ROBERT— On est dans la tragédie grecque ou dans le vaudeville? Moi, je ne sais plus. Dis-nous ça Laura, toi qui connais le théâtre!
>
> LAURA — On est dans la vie, je crois bien. Et puis dans la vie ce sont deux genres qui se confondent souvent.
> (Dubé 144)

En 1966, au moment de sa création, <u>Au retour des oies blanches</u> a connu un énorme succès critique, du moins en milieu québécois,[48] et a suscité une telle prolifération de commentaires dithyrambiques qu'ils se répétaient souvent les uns les autres, comme le remarque plus tard André Vanasse, non sans une certaine ironie:

> La critique répéta à outrance que c'était sa "meilleure pièce", sa "plus grave", sa "plus tragique", au point qu'on en vient à se demander, après coup, si les journalistes ne se sont pas plagiés les uns les autres.
> (Vanasse, 68)

Les journalistes, donc, dans l'ensemble, étaient gagnés. Chez les universitaires, la réception fut aussi très bonne. La pièce de Dubé est identifiée par Alonzo Le Blanc en 1973 comme une oeuvre charnière, "la première ou l'une des premières tragédies québécoises" (102), qui comporterait, selon lui, tous les éléments de la tragédie canonique:

---

[48]La réception au Canada anglais fut très mitigée. Le compte rendu sans doute le plus négatif est paru dans <u>Canadian Literature</u> (1974) où la critique, Connie Brissenden, dit que la pièce ne mérite pas que l'on en parle: "not worth discussing," déclare-t-elle (111).

> (...) densité humaine des personnages, portée universelle du conflit et de l'action, puissance dénonciatrice du langage, interrogation du Dieu muet et absent, corps à corps avec l'absurdité ou avec la fatalité, encerclement funeste, aboutissement logique dans l'impasse tout à fait insoluble et démesurée. (102)

Pourtant, s'il est vrai que la pièce de Dubé répond à ces exigences (sauf peut-être pour ce qui est de la "densité humaine" et de "l'aboutissement logique," mais on y reviendra), d'autres considèrent aussi la pièce comme un *mélodrame*, comme en témoigne le titre d'un compte rendu: "*Au retour des oies blanches*, un mélo qui frise la tragédie."[49]

La question n'est cependant pas si simple. Le mélodrame était, à l'origine, une composante de la tragédie grecque puisque c'est ainsi qu'on nommait le dialogue chanté entre le coryphée et un personnage. Il était donc un élément interne et indissociable de la tragédie. Ce n'est qu'au XVIIIe siècle, pour ce qui est du domaine français du moins,[50] qu'il en vient à constituer un genre à part dont on est en mesure de cerner tant bien que mal les caractéristiques principales:

> Depuis la fin du XVIIIe s., drame dont l'intrigue mouvementée, aux caractères tranchés, abonde en effets pathétiques destinés à séduire un public populaire et à lui faire la morale. (Larousse 6817)

Une autre définition proposée par Pavis, quoique plus élaborée, correspond dans les grandes lignes à celle du Larousse, à cette précision près: le rapport entre le mélodrame et la tragédie y sera identifié comme un *rapport parodique*:

> Le mélodrame est l'aboutissement, la forme parodique

---

[49]"Avec sa toute dernière oeuvre, *Au retour des oies blanches* qui vient d'être créée à la Comédie-Canadienne, cet auteur authentiquement québécois eût pu offrir une tragédie ancienne servie à la moderne (C'est d'ailleurs ce qu'il voulait faire) mais ne réussit qu'à produire une pièce frisant le mélo avec des situations dramatiques en cascades risquant de submerger le spectateur sous tant de malheurs en si peu de temps" (Maître 58).

[50]Metastasio (1688-1782) continuait à produire à Vienne des tragédies assorties d'un dialogue chanté.

> sans le savoir de la tragédie classique pour laquelle on aurait souligné au maximum le côté héroïque, sentimental et tragique, en multipliant les *coups de théâtre*, les reconnaissances et les commentaires tragiques des héros. (Pavis 1987, 235)

D'autres, comme Anne Ubersfeld, soulignent le caractère idéologique du mélodrame, associant l'émergence de ce nouveau genre à une affirmation post-révolutionnaire de la bourgeoisie. Selon Ubersfeld, son apparition serait liée à l'emprise idéologique de la bourgeoisie qui, dans les premières années du XIXe siècle, affirme sa force nouvelle (193-194).

Peut-être cette substitution axiologique est-elle finalement à la base des connotations défavorables qui se sont greffées sur l'emploi du mot "mélodrame" depuis le XIXe siècle (mais surtout au XXe siècle). D'ores et déjà, le mot échappe au seul domaine théâtral, trouvant son sens dans un régime non pas générique mais esthétique, c'est-à-dire dans l'insistance sur le *pathétique*: "Oeuvre quelconque dont les situations cherchent exagérément à frapper la sensibilité" ou encore "Situation artificiellement tragique et outrée" (Larousse, 6817).

En revanche, il est important de noter ici combien le pathétique est essentiel aux deux formes: le mélodrame, avec son outrance systématique et ses *coups de théâtre* recherchés, semble s'être plaqué sur la surface de la tragédie grecque tel un vieux décalque bariolé. Il colle à son support et s'y confond enfin, de manière à ce que toute séparation ultérieure un peu abrupte entraîne la déchirure.

Bref, ce n'est pas la différence d'*intensité* qui peut servir à opposer la tragédie et le mélodrame. Dans le long article du Dictionnaire des oeuvres littéraires du Québec consacré à la pièce de Dubé, Vanasse souligne en effet que la différence d'intensité n'est pas si grande entre Au retour des oies blanches et Un simple soldat, pièce antérieure de Dubé. Vanasse, cependant, met le doigt sur deux autres critères de distinction possibles: le milieu social et, élément peut-être insoupçonné, le ridi-cule.

> Dans les premières pièces on accédait aussi au

> tragique. Il s'agissait d'un tragique de ruelle ou de niveau populaire, alors que, avec *Au retour des oies blanches*, Dubé change de registre et s'élève au niveau d'une certaine racaille bourgeoise dont le principal défaut est bien souvent le *ridicule*.[51] (Vanasse 68)

Au sein de la tragédie, le ridicule est un intrus. S'il arrive à s'y faufiler, il constitue un élément perturbateur. Au mieux il paraît bizarre; au pire, il constitue une hérésie générique.

Mais dans le passage cité ci-dessus, Vanasse introduit aussi un paradoxe. La tragédie pour lui (comme pour la plupart des modernes) ne fait pas nécessairement intervenir des personnages nobles. Néanmoins, si ce critique accepte des protagonistes populaires, il refuse les bourgeois, qu'il désigne par un terme méprisant, généralement associé à la lie du peuple ("racaille"). En ceci il se démarque de presque tous les critiques et théoriciens (de Lessing avec la *Bürgertragödie* à Montherlant). On pourrait croire, évidemment, qu'une telle position rejoindrait les propos d'Ubersfeld sur le lien entre le mélodrame et l'emprise idéologique de la bourgeoisie. Mais un théâtre qui attaque aussi férocement tout ce qui est bourgeois peut difficilement être conçu comme contribuant, comme le dit Ubersfeld, à la "réconciliation fantasmatique d'une société, où la bourgeoisie se rêve comme totalité nationale" (194).

Mais pour revenir à la question du ridicule, c'est celui qui, dans <u>Au retour des oies blanches</u> façonne les personnages (notamment ceux d'Achille, d'Amélie, tenants de l'ordre, et dans une certaine mesure, d'Elizabeth) et ce faisant, les prive de densité. Achille et Amélie ne peuvent traduire le malheur qu'en termes conven-tionnels (l'uniforme d'Achille, le "talon", l'abnégation hypocrite d'Amélie).

De surcroît, la géométrie actantielle est brouillée à un tel point qu'il est difficile d'en isoler le (la) protagoniste. Qui est le (la) véritable héros (héroïne), au juste? Geneviève est posée comme l'héroïne mais elle ne peut pas l'être, pour des raisons qui seront évoquées sous peu. Achille est au centre de la dynamique mais il est déjà

---

[51]Je souligne.

hypothéqué, désigné comme antipathique et ne saurait être protagoniste. Elisabeth est anesthésiée en permanence par l'alcool. Tom est absent.

Cependant on peut surtout s'interroger sur la pertinence du commentaire de Vanasse en ce qui concerne Geneviève. Celle-ci n'est pas "méprisable" puisque les conventions "bourgeoises" la préoccupent peu, alors que la découverte de sa malédiction (infraction devant un interdit/système de valeurs reposant sur une passion amoureuse dévorante ou inceste) est impossible à assumer. Son suicide, tout de suite après le moment de la reconnaissance, de la découverte de la vérité, fait d'elle une *victime* plutôt qu'une *héroïne* qui lutte: elle est oie blanche (ou plutôt oie noire), c'est-à-dire proie, et donc surdéterminée comme un personnage de mélo.

> It is in tragedy that man is divided; in melodrama, his troubles, though they may reflect some weakness or inadequacy, do not arise from the urgency of unreconciled impulses. In tragedy the conflict is within man; in melodrama, it is between men [sic], or between men and things. (Heilman 79)

Ainsi, dans le mélodrame, la "nature" du "caractère" n'est pas en question: le héros est exempt de toute espèce de doute; la victime ne saurait lutter par elle-même contre le sort qu'elle subit; l'antagoniste est un adversaire sans états d'âme ("le traître"). L'action résulte donc de conflits externes; les péripéties entretiennent le suspens sans mettre en cause les rapports entre les personnages; la reconnaissance fait intervenir des éléments "extérieurs" de l'identité (signes distinctifs, marque, talisman) sans approfondir la conscience qu'en a le personnage qui se "connaît" dès le départ.

Chez Dubé, les personnages se présentent souvent comme programmés: on peut concevoir Achille comme entièrement méprisable; Elizabeth comme entièrement absorbée par ses échecs personnels; Geneviève comme entièrement préoccupée par un amour illicite (ce qui ne l'empêche pas de machiner l'anéantissement total de son père "légal", Achille). Leur totalité tend à les solidifier, les rendre herméti-quement clos sur eux-mêmes. Ainsi, imperméables les uns aux autres, ils prennent l'aspect de figures dans un jeu de cartes. Chez eux le conflit se déploie non pas au sein du personnage, mais sur le plan de la famille, métonymie pour la société entière.

LE DÉTOURNEMENT DU LOGOS

Chez Dubé, les caractères des personnages sont réduits à des unités nettes; cependant, le plus réduit, le plus schématique semble être celui du père. Or, comme c'était la cas dans la pièce de Grandmont, le père tient un rôle prépondérant. Toute la pièce tourne autour de son désir de réhabilitation et de l'impossibilité de celle-ci. Après avoir été reconnu coupable pour trafic d'influence, pots de vin *etc.*, il avait espéré pouvoir "laver son honneur" auprès du nouveau premier ministre. Lorsque ses tentatives dans ce sens échouent totalement, Geneviève enclenche son "jeu de la vérité" qui devient vite une "séance de défoulement collectif, dont Achille fera les frais" (Vanasse 69).

Par ailleurs, Achille est surdéterminé par son prénom, car évoquer cette figure mythique, c'est soulever *ipso facto* la question de la vulnérabilité. Achille, c'est la destruction en sursis: une cible ambulante, dont le point faible, le point traître de son anatomie ne demande qu'à être découvert. Le nom propre "Achille" appelle donc tout un programme de mise à nu pour mieux détruire. C'était aussi, bien sûr, le nom d'un grand héros/guerrier grec. Le contraste entre ce personnage mythique, et ce père mou, hypocrite et indigne est donc particulièrement ironique, et souligne de façon brutale la bassesse du personnage. Le "jeu de la vérité" constituera ainsi une sorte de mise en abyme de cette démystification qui opère à l'échelle de la pièce dans son ensemble (Robert — "Laisse-la faire, papa, elle veut simplement te couper le tendon d'Achille". Richard — "Afin de provoquer un tétanos psychologique!" (135)). Comme élément d'intertextualité supplémentaire, on apprend que Robert est en train d'écrire un roman intitulé Le talon d'Achille qui constitue presque certainement, lui aussi, une démystification du père au niveau de l'écrit.

Evidemment, ce phénomène de démystification du patriarcat déborde le seul cadre de la pièce de Dubé. Il traverse la dramaturgie québécoise tant et si bien qu'Alonzo Le Blanc l'identifie comme la condition *sine qua non* de la tragédie québécoise:

> Si l'un de nos premiers drames s'intitulait <u>Un fils à tuer</u> (Eloi de Grandmont), toute cette période de notre théâtre semble orientée vers un acte ultime qui s'intitulerait: <u>Un père à tuer</u>. C'est ce thème que nous tenterons de décrire brièvement ici, en montrant comment la contestation et la démystification de cette force familiale ont graduellement rendu possible la tragédie québécoise. (97)

Pourtant, si la tragédie québécoise repose, dans son ensemble, sur le parricide, il s'agit d'une étrange espèce de parricide. Ni le Père dans <u>Un fils à tuer</u> ni Achille dans <u>Au retour des oies blanches</u> ne meurt. Ou bien il s'agit d'un meurtre où le corps reste indemne, s'effectuant plutôt sur le plan sémiologique et se présentant comme une espèce de *rétrécissement* du personnage.[52]

Dans <u>Au retour des oies blanches</u>, le père se verra peu à peu dépouillé de sa valeur, associée (pour lui et sa mère, surtout) aux apparences. Toute sa carrière se présente comme une accumulation d'échecs. Ancien militaire, il a fait la guerre en Europe mais on apprend que, grâce à la protection du père de son épouse Elizabeth, il n'a pas couru de risques.

> ACHILLE — (...) Pendant la guerre, lorsque j'étais au front...
> ELIZABETH —Tu n'es jamais allé au front, Achille. Tu répètes les mêmes âneries depuis vingt ans. Tu as été un officier de salon et rien d'autre. Et nous savons tous ici que tu n'as jamais pris de risques sérieux.
> ACHILLE — Le hasard n'a pas voulu que j'y laisse ma peau mais cela aurait très bien pu se produire.

---

[52]Cet appauvrissement de signes associés au personnage n'enlève cependant rien à son importance dans l'économie du drame. Au contraire, l'analyse sémiologique que fait Francoeur de cette pièce y révèle l'importance énorme d'Achille qui est défini par quatre axes sémantiques sur les cinq qui avaient été retenus pour son analyse (motivation psychologique, amour, sexualité, morale, parenté surestimée et sous estimée)(228).

> ELIZABETH — Malheureusement tu as tiré ton épingle du jeu. Et c'est mon propre père, le colonel James Morgan, qui a vu à ce que tu reviennes vivant à Québec, plus rose et plus joufflu que jamais. (85-86)

Ainsi sa forfanterie de héros de guerre finit-elle par être rabaissée, lui allant comme une tunique d'officier surannée dont les manches, le bas, le cou, tirent, exposant sa chair boursouflée.

Par ailleurs, le statut de héros, dans son acception générale, repose sur un phénomène d'amplification, due en partie à l'existence d'un canevas de récits héroïques antérieurs. Ici le père est sujet, à bien des égards, au phénomène contraire. Rabaisser le personnage d'Achille revient souvent à rapetisser l'importance de ses récits ou, plus précisément, à lui *détourner* le récit. Là où il y a potentiel de récit, un autre personnage intervient pour introduire une rupture.

Il en va de même pour l'entretien auprès du premier ministre. Amélie invite Achille à rapporter son entrevue, mais Elizabeth sabote aussitôt son récit, comprimant les faits, les rendant sans conséquence. Quant aux histoires que le père veut supprimer, la dynamique est l'inverse. Le père demeure impuissant devant les découvertes successives enclenchées par le "jeu de la vérité".[53] Il a beau reprocher aux autres des "excès de langage"(92), il n'arrive pas à arrêter l'écoulement des récits et finit par se rabattre sur le non-langage: les hurlements d'un enfant enragé. (ACHILLE, *hurle comme un enfant* — Tais-toi! Dis-lui de se taire, maman. Force-la à se taire! (137).) Du coup, il y a abdication de son autorité paternelle et recours à l'autorité de sa propre mère.

D'ailleurs, l'infantilisme[54] d'Achille fait intervenir un paradoxe. En même temps que la pièce joue sur le patriarcat, elle joue aussi sur le matriarcat: si Achille

---

[53] Il est à noter que le dispositif du jeu, employé ici dans le contexte du jeu de la vérité, est en effet un dispositif très ancien qui remonte aux tragédies antiques et se rattache à l'idée d'agôn. Selon Jacqueline Duchemin, le mot «agôn» (ἀγών) désignait d'abord la lutte aux jeux panhelléniques mais en vient à s'employer pour n'importe quel genre de lutte, y compris la lutte de nature surtout verbale qui avait lieu devant les tribunaux (12).

[54] En latin "infans" veut dire, littéralement, "qui ne parle pas".

est méprisable et impuissant, Amélie, sa mère, est monstrueuse ("monstre de tendresse et d'abnégation" (118)), caricature d'une Jocaste impunie. Finalement, quelle que soit la modalité d'intervention — qu'on dérobe à Achille la possibilité de se glorifier ou même de se justifier par le récit, ou qu'on lui impose un récit embarrassant pour son ego, et qu'il aurait voulu cacher — démystifier ici veut dire amputer le père de tout contrôle du logos.

Geneviève se pose d'emblée en protagoniste et en justicière (comme Œdipe qui proclame "ego phano"[55] lorsqu'il prétend mettre en évidence la vérité, mais se manifeste comme responsable). Coupable d'*hybris*, elle va être durement punie. Elle se croit apte à mener le jeu, à contrôler le jeu de la vérité, s'arrogeant ainsi le droit d'utiliser le logos comme une arme, cherchant à blesser son adversaire au vif:

> C'est la fille qui meurt et qui donne à la tragédie sa véritable dimension. Mais elle a en quelque sorte tué ou détruit radicalement l'image de son père, *par la puissance de son langage* et par son intransigeante lucidité. (Le Blanc 102)[56]

Sur ce plan, Geneviève rejoint Electre (et dans une large mesure Antigone) chez qui les mots atteignent une valeur performative:

> At every turn the apparently impotent Electra is so much more powerful then [sic] her brother (...). Electra commands more then [sic] sympathy; she exalts, if not by her goals, then by the very magic of her *logoi*. (Sale 12)

Dans le cas de Geneviève, les mots finissent par lui échapper, par prendre une tournure horrible, irrémédiable. Le logos se révèle à la fois remède et poison.[57] Il en

---

[55] "Je rendrai visible [le dessous des choses]."

[56] Je souligne. Jusqu'ici il n'a été question que u père "social". Mais la question du père "biologique" qu'est Tom contribue à informer l'*éthos* de la pièce. J'y reviendrai plus loin.

[57] Bien entendu, ce phénomène de logos "bivalent" est manifeste dans Œdipe roi où la révélation de la vérité constitue une opération tant salutaire pour la ville de Thèbes ravagée par la peste que destructrice pour Œdipe, roi de cette même ville. Pour une analyse plus approfondie de ce phénomène, voir le chapitre sur le pharmakos dans La dissémination de Jacques Derrida.

va de même pour Elizabeth qui, au dire d'Achille, commet des "excès de langage". Excès est pris ici dans le sens d'abus, mais il évoque aussi l'action d'"excéder", c'est-à-dire d'outrepasser (et donc de menacer) les forces du locuteur ou de la locutrice. Doté ainsi d'une redoutable autonomie, le logos semble rivaliser avec le destin en termes de puissance; mais en fait, c'est le logos qui *active* celui-ci et lui confère une dimension ironique.

Le thème de l'inceste mis à part, c'est en tant qu'agent-victime du discours que Geneviève ressemble le plus à Œdipe. Comme lui, elle amorce un processus de révélations qui la mène inexorablement à sa perte (prix ultime de la connaissance). Henri-Paul Jacques signale d'ailleurs ceci dans la préface du texte de Dubé. Selon lui, "on pourrait appliquer à Geneviève ce que Tirésias dit à Œdipe, «cette journée te donnera naissance et te détruira» (vers 438, traduction de H.-P. Jacques), c'est-à-dire que tu apprendras de qui tu es l'enfant et que le même jour te sera fatal: c'est une allusion à l'unité de temps, au résultat de l'enquête et du *Jeu*" (44).

Mais, à la différence d'Electre, d'Antigone, et même d'Œdipe, Geneviève n'est pas dominée par une préoccupation aiguë pour la moralité.[58] Certes, elle organise le jeu de la vérité en partie pour venger son amie Laura, mais en fin de compte, celui qu'elle veut vraiment venger c'est l'oncle Tom (133); le bien de son amie n'est que secondaire. Elle est peut-être préoccupée par la vengeance, mais, du point de vue moral, son personnage est défaillant: nous savons qu'elle a déjà assumé le crime de l'inceste. Si elle ignore que son oncle Tom est son père biologique, elle sait tout de même qu'il est proche parent! En dernière analyse, sa transgression revient simplement à une question de *degré*. Voilà sans doute une des raisons pour lesquelles Jonathan Weiss, dans son livre sur le théâtre canadien-français, voit chez les personnages de cette pièce une certaine insuffisance du point de vue de la tragédie :

---

[58] Comme le constate l'helléniste William Sale, Electre est inexorablement morale ("inexorably moral"), motivée par ce que les Grecs appellent *dikè*, c'est-à-dire un commandement moral, plutôt abstrait, de rétribution (7).

> Here the impossibility of the situation (the daughter falls in love with a man who is revealed to be her natural father) and its dark Freudian overtones would seem to lead to tragedy, but the play never achieves a high enough level of language and sentiment for that. (...) neither the setting nor the characters themselves lead one to see in the daughter's suicide the tragedy one could easily see in <u>Zone</u>.(16)[59]

Il faut toutefois convenir que le personnage de Geneviève n'était pas conçu comme une transposition exacte d'Electre ou d'Œdipe. Elle constitue en fait un personnage hétéroclite, bricolé à partir d'allusions et de métaphores (dont la plus forte concentration se trouve au tableau trois). Tantôt elle rappelle une "petite Electre agressive, complètement déchaînée" (140); tantôt elle prend les allures d'une Antigone résolue et austère: "Je n'aime pas quand tu emploies cette douceur avec moi. Je suis parfaitement lucide et tu es la seule peut-être à savoir que je ne divague pas" (147).[60] Ainsi fonctionne-t-elle comme un personnage anaphorique, tissant à travers la pièce un réseau d'appels et rappels qui sème des indices de lecture ou de réception.[61]

Au centre de ce système de rappels se situe l'invisible oncle Tom, dont le portrait ne se dessine qu'à travers les souvenirs, les désirs ou la rancune des autres. Ainsi apprenons-nous le jeu d'antithèses entre Achille et Thomas. L'un, politicien urbain, corrompu par les vices mondains (prostitution, argent, apparences, hiérarchie

---

[59]Weiss: "Dubé's theatre, in the end, has become popular melodrama (...) (16)."

[60] Pour une comparaison entre les personnages de Dubé et ceux de Jean Anouilh (Antigone en particulier), voir l'article d'Edwin Hamblet dans <u>Dramatists in Canada,</u> dont la portée demeure cependant assez limitée.

[61]Les attributs du personnage anaphore sont décrits par Philippe Hamon: "Le rêve prémonitoire, la scène d'aveu ou de confidence, la prédiction, le souvenir, le flash-back, la citation des ancêtres, la lucidité, le projet, la fixation du programme sont les attributs ou les figures privilégiés de ce type de personnage. Par eux, l'oeuvre se cite elle-même et se construit comme tautologique (96)." Dans son article, Louis Francoeur identifie le père, Achille, comme le personnage anaphore principal. En fait, Achille et Geneviève, jouent tous les deux un rôle anaphorique: Achille programme en quelque sorte une lecture basée sur la *démystification* tandis que Geneviève, elle, établit une lecture sur l'axe de la *légitimisation*.

sociale, etc.), l'autre chasseur à la fois désinvolte et farouche, parfaitement à l'aise dans la nature et loin de la contamination de la ville:

> ELIZABETH — (...) Je comprends que tu aies pu te laisser émerveiller par les charmes de Thomas. Il sait si bien parler le (sic) la vie. Il connaît si bien les fleurs et les arbres, les oiseaux, les bêtes, la nature. Et de plus, si on le compare à ton père, il est si peu conventionnel. Pour quelqu'un comme toi, qui rêvais de grand air et de liberté, ce voyage a dû te paraître merveilleux. (150)

La puissance d'envoûtement de l'oncle Tom découle donc directement de sa relation primordiale avec la nature.

> ELIZABETH — Il y a vingt ans, Vivi, il y a vingt ans ou un peu plus, j'étais jeune et belle comme tu l'es... Il y a plus de vingt ans de ça et Achille allait revenir de la guerre... Thomas était un merveilleux jeune homme déjà... Il n'avait que dix-huit ans et il aimait la vie, il aimait les femmes, il aimait le vin et la chasse.(157)

Si Achille, le frère de Thomas, renvoie de façon marquée à la mythologie grecque, il n'est pas exclu de penser que son frère possède, lui aussi, des dimensions mythiques. D'abord son absence continuelle finit par lui donner un statut ontologique *autre* que celui des personnages sur scène, et il circule dans un territoire flou qui, bien que parfois vaguement identifié par la mention du "Cap Tourmente" (nom auto-réflexif par excellence), demeure essentiellement sans frontières. De plus, grâce à la présence des oies blanches, il pénètre comme un voleur, par effraction, dans l'économie de la pièce.

Ces oiseaux sanguinolents ont une fonction métonymique; substituant l'objet à la personne, la proie au chasseur, ils désignent Tom dans une relation nécessaire. Mais ces mêmes oies blanches ont aussi une fonction métaphorique évidente, évoquant des jeunes femmes en tant que proies innocentes.

Tom impose donc sa présence simultanément à l'extérieur (en dehors de la scène) et à l'intérieur (sur la scène). Contrairement aux autres personnages, qui sont emmurés dans leur maison bourgeoise, il a le don d'ubiquité, circulant librement (voire simultanément) entre deux univers (et, il faut le dire, entre deux générations) antithétiques.

Quant à ses passions — les femmes, le vin, la chasse —, elles sont frappantes dans la mesure où elles évoquent ce que Nietzsche a appelé le dionysien, une des deux pulsions artistiques qui seraient à la base de la tragédie attique (il appelle l'autre l'apollinien, liée à Apollon, dieu de l'illusion et de la mesure).[62] Associé au dieu Dionysos, ce principe sensuel et irrationnel trouve son expression dans la nature. Nietzsche attribue au dionysien deux phénomènes en particulier, l'unité primordiale (*Ur-Einen*) et la souffrance primordiale (*Urschmerz*), qui s'opposent à la beauté et la modération apolliniennes (lesquelles sont associées au *principium individuationis*, c'est-à-dire à la délimitation de l'individu). Bien que Nietzsche situe la mort de la vraie tragédie — celle qui réconcilie ces deux principes contradictoires —, vers l'époque d'Euripide, ses réflexions éclairent l'évolution de la tragédie au XXe siècle.

Dans le contexte de la nature, le dionysien représente la réunification:

> Unter dem Zauber des Dionysischen schließt sich nicht nur der Bund zwischen Mensch und Mensch wieder zusammen: auch die entfremdete, feindliche oder unterjochte Natur feiert wieder ihr Versöhnungsfest mit ihrem verlorenen Sohne, dem Menschen. (Nietzsche 32)[17]

Dans la pièce de Dubé, l'union avec la nature, but intensément recherché par au moins un des personnages (Tom a le statut anomal de personnage invisible), combine

---

[62] La majorité des critiques considèrent que la tragédie, à son origine, aurait fait partie du rituel dionysiaque. Par contre, Pierre Grimal, entre autres, souligne une différence de statut et soutient que la tragédie est indépendante des rites dionysiens: "La tragédie grecque, (...) n'est pas le vestige d'un rituel archaïque, inspiré par des croyances primitives; ce n'est pas non plus une incantation adressée à des divinités; c'est une oeuvre littéraire (...) (42)". Nous ne sommes pas dans le domaine religieux. Le sacré est dans la tragédie investi dans une *construction esthétique*, relevant de l'élaboration de biens symboliques; il fait intervenir l'art et est gouverné par la *poétique* — dont il sert alors à définir les canons pour Aristote.

[17] "Sous le charme de Dionysos, non seulement le lien se renoue d'homme à homme (sic), mais même la nature qui nous est devenue étrangère, hostile ou asservie, fête sa réconciliation avec l'homme, son fils prodigue" (20-21, trad. Bianquis).

mysticisme et souffrance:

> GENEVIÈVE, *lisant. Comme transportée dans un monde inatteignable où il fait presque bon souffrir —* J'ai tué ces oies blanches comme elles passaient au-dessus du Cap Tourmente... Elles sont tombées en tournoyant comme des âmes qui se perdent au fond de l'abîme... (62)

Ces images de déchirement et d'égarement préfigurent sans doute la chute de Geneviève et de sa mère. Inutile de signaler que Dubé renoue ici avec le très ancien motif de la *chasse* (présente dans Les bacchantes d'Euripide et, d'une certaine façon, à Œdipe roi de Sophocle).

Or, Tom détient la balance entre la vie et la mort. C'est lui qui donne la mort aux oies blanches tout en contemplant leur souffrance avec une étrange complicité. Son statut est d'autant plus ambivalent qu'il est aussi celui qui accorde la grâce:

> La chasse est bonne cette année. Dimanche dernier, sur les battures de l'Ile d'Orléans, il y avait des milliers d'oies blanches toutes ensoleillées. On aurait dit de la neige. Je n'ai pas tiré. Je les ai regardées longtemps avec l'espoir qu'elles regagneraient bientôt les mers du Sud. Il y a parfois des moments comme ça où la vie m'enivre et me paraît plus souhaitable que la mort...
> (62)

Geneviève et Elizabeth, transposées en "oies blanches", doivent chercher le salut auprès de celui qui les avait meurtries, c'est-à-dire auprès de celui qui est susceptible de leur donner la mort (physique ou morale). D'où les invocations ferventes de la bouche de Geneviève: "GENEVIÈVE — Moi, je ne souhaite plus qu'une chose. Que l'oncle Tom vienne me chercher pour m'emmener loin d'ici" (141). Autrement dit, l'oncle Tom est cette puissance qu'on supplie d'intervenir mais qui, fidèle à la tradition tragique, n'intervient pas ou ne le fait qu'ironiquement.

L'ironie construite autour de cet homme caché, de ce dieu (païen) caché, est elle-même piégée. En effet, si la pièce se présente au départ comme ayant pour sujet un conflit de générations avec mise à mort métaphorique du père apparent (Achille) par sa fille, elle se révèle à terme comme la mise à mort de la fille par son père biologique. D'autre part, les valeurs dionysiaques — celles de Tom — relevant en apparence d'une morale ouverte et libre au nom de laquelle Geneviève attaque l'ordre bourgeois et les conventions, ne sont pas pour autant détachée des tabous fondamentaux. La mise à mort, comme l'inceste, peuvent être mis entre parenthèses, mais demeurent des crimes redoutables.

Mais à côté, ou plutôt au-delà du "dieu" païen et de son substitut humain, il y a le Dieu chrétien. Il est présenté ostensiblement comme le dieu d'Amélie et d'Achille, le Dieu du Roi de France (83) et des valeurs refuges ("Si on ne s'accroche pas aux valeurs traditionnelles, ce sera bientôt l'anarchie ou la révolution. On piétinera les croix des églises, on assassinera les prêtres et ce sont de jeunes cerveaux brûlés qui prendront le pouvoir" (129)). Pourtant Achille ne se rend pas compte que son idée de Dieu est périmée, anéantie comme lui-même, par la jeunesse. Elizabeth l'affirme au moment où elle songe à la dynamique de sa famille à elle:

> ELIZABETH — (...) Du temps que j'étais jeune fille.
> (sic) Rien n'était contestable. Dieu était l'allié direct
> des parents. C'est ainsi que j'ai épousé Achille. *Dieu
> avait parlé à mon père et mon père m'avait transmis
> ses ordres.* Je n'avais que dix-sept ans. Le ciel après
> la mort était plus important que la vie... Et puis, un
> jour est venu où nos enfants ont tué Dieu. (81)[18]

La transmission du savoir et de la volonté de Dieu empruntait donc un circuit exclusivement masculin — de Père en père — qui s'établissait *au sein* de la société et se perpétuait à travers ses infrastructures. Cette idée de Dieu ressemble au "surmoi", qui garantit la morale tout en assignant un pouvoir de contrôle. Ce Dieu-surmoi transparaît dans un certain type d'idéalisme qui est celui, en gros, d'Achille et de sa génération.

S'oppose à cette conception idéaliste et "chrétienne" une conception dionysienne et "naturiste" plus ou moins païenne, celle de Geneviève et, croit-elle, de

---

[18]Je souligne.

Thomas. Seulement cette dernière conception est elle-même le résultat d'une illusion, celle de la liberté dans et par la nature. Elle ignore la violence des rapports inhérents à la nature (mort des oies blanches) et la *gratuité* de cette violence. Comme le Dionysos des <u>Bacchantes</u>, "enfant" irresponsable et cruel, Tom se comporte en "Dieu" qui "choisit" la vie ou la mort. Geneviève érige la Nature en absolu alors qu'elle veut combattre l'absolutisme de "l'Esprit" de Dieu. En fait, la conception dionysienne est, chez Geneviève, son oncle, et, dans une certaine mesure, son frère, qui se croit homosexuel, *contaminée* par des relents d'éducation "chrétienne" (culpabilité, désir de faire expier...). Enfin et surtout, elle ne peut se dégager de tabous culturels plus anciens encore (interdit de l'inceste), bafoués jusqu'à un certain point seulement, relativisés et non évacués.

La crise qui se trouve au coeur de cette pièce naît donc de la tension entre deux visions du monde: l'une correspondant à une vision chrétienne, l'autre à une vision païenne ou, plus précisément, dionysienne.[19] À l'obsession de l'ordre véhiculée dans et par les structures de la société (obsession évoquée par le couvent des Ursulines, le père d'Elizabeth, Amélie, et cetera) s'oppose l'abandon charnel qui s'accomplit aux limites des codes de la société (homosexualité, inceste, adultère etc.).

Or, si l'ordre vise à imposer des comportements, soit par la recherche de la pureté — qui s'avère impossible, à moins qu'on ne la pousse à son point ultime, la stérilité —, soit par la répression des pulsions naturelles, soit même par un maquillage hypocrite des manquements au code que l'ordre énonce, il demeure menaçant. Pourtant, la liberté absolue et déchaînée, bien que féconde, ne paraît pas moins redoutable. Avec elle, le prix à payer est double, celui qui résulte de la "liberté" qui dégénère en licence arrogante: Tom s'accorde le "droit" de séduire celle qu'il croit sa nièce; Geneviève se croit la prérogative de mener le *jeu de la vérité*. Si

---

[19] Alonzo Le Blanc identifie la dimension dionysienne comme un élément indispensable à l'avènement de la tragédie québécoise: "Le sur-moi (sic) catholique d'une conscience collective fataliste et résignée laissait peu de place à l'affirmation dionysiaque qui rend possible la tragédie" (95). Il est à noter, cependant, que Le Blanc semble faire abstraction ici de l'apollinien qui sans doute risquerait de revenir de façon oblique à l'idée de mesure et donc au surmoi.

cette liberté n'est pas tempérée pas la compassion — comme dans le cas de Laura, qui offre une contrepartie "païenne" de la charité chrétienne —, la recherche dionysiaque aboutit au *chaos,* à un désordre sans repères. Il y a également le prix qui résulte du conflit entre la recherche d'une liberté absolue et le "résidu" intériorisé du surmoi qui gouvernait l'ordre: on entre ici dans le domaine des psychoses et névroses qui tourmentent Richard, Geneviève et Elizabeth.

Ainsi les deux visions du monde — "chrétienne" et païenne — se polarisent en Achille et Tom, les deux frères antagonistes. C'est Achille, évidemment, qui est préoccupé par son honneur perdu, bref par l'idée de pureté (ou de souillure, selon l'optique). Dans les remarques de son épouse, on constate justement un bon exemple du glissement entre la rigueur religieuse perdue (qui s'exprime dans la souillure) et la quête de pureté chez Achille:

> ELIZABETH — (...) L'alcool me met tranquillement à nue (sic).
> ACHILLE — C'est de l'indécence.
> ELIZABETH — Pourquoi faut-il boire pour être soi-même? (...) Les Ursulines et mon père James ne m'ont jamais appris à être moi-même, c'est drôle! Comme c'est drôle de se sentir habitée par une inconnue! (*Qui lève son verre.*) À ton honneur retrouvé, Achille! À ton nom de guerrier enfin lavé de toute souillure! (92)

Avant, au premier tableau, c'était le fils qui avait évoqué la souillure, l'assimilant cette fois-ci directement à la chute:

> ROBERT — Le recours en grâce qu'il sollicite depuis dix ans! Pauvre papa, il devrait savoir à son âge qu'il y a des choses plus importantes à faire dans la vie que de laver son honneur! Et puis, l'honneur, une fois qu'on l'a perdu, c'est fini, ça ne se retrouve plus intact. C'est comme la virginité chez les filles. (67)

C'est précisément cette tension entre une soif de rigueur (impossible à satisfaire) et la conscience aiguë d'une *chute* par rapport à cet idéal, de souillure indélébile, qui mène certains critiques, dont Hamblet, à voir dans <u>Au retour des oies blanches</u> une dimension janséniste. De plus, le thème binaire pureté- souillure n'est pas seulement d'ordre religieux, n'affecte pas seulement l'opposition entre innocence et chute théologiques. Cette opposition sous-tend les liens sociaux (vie politique, mariage...) où elle pourrait se traduire en termes d'intégrité et d'honneur opposés à la corruption, ou de vertu conjugale opposée à l'adultère. Elle affecte aussi les personnages "dionysiens" au sein même de leurs projets de libération (Geneviève n'a pas assumé l'enfant qui serait né de sa liaison avec Tom,[20] Richard n'a pas accepté de se déclarer homosexuel). Dans tous ces cas, elle est occultée par une série de *mensonges*, y compris celui, inconscient, qui préside au *jeu de la vérité* (Geneviève est pharisienne: celle qui n'a jamais péché puis jeter la pierre à l'autre). Enfin, le thème binaire pureté-souillure établit une intertextualité marquée à la fois avec <u>Antigone</u> d'Anouilh et <u>Un fils à tuer</u> de Grandmont.

Or, cette binarité pureté-souillure s'insère peut-être avant tout dans une réflexion sur la *paternité*. Au père obsédé par la pureté s'oppose le père incestueux, symbole de la souillure. A l'ordre s'oppose le désordre. Le père traditionnel déterminé par et dans la société s'oppose de façon radicale au père naturel qui se croit cautionné par la nature. Ce schéma est analogue, à bien des égards, à celui qui se dessine dans la pièce de Grandmont où la nature (le "vrai père" de Jean)[21] résiste au père défricheur, agent de la civilisation. Toutefois, à la différence d'Achille, le père défricheur (le père de Jean) refuse tout compromis.

Cela dit, la principale différence entre les deux pièces se trouve sur le plan métaphysique. Dans la pièce de Grandmont, le Dieu chrétien demeure très présent: lui seul peut cautionner l'espèce d'identification du Père à Abraham; il se manifeste à travers la "descente de croix" que constitue le tableau initial final, où le corps de Jean est associé à celui du Christ. Par contre, dans la pièce de Dubé, le dieu "chré-

---

[20] Ainsi rappelle-t-elle Estelle dans <u>Huis clos</u> de Sartre.

[21] Le soleil, affirme Mailhot, est le "vrai père" de Jean (1: 75).

tien" est exposé, rendu impuissant dès le début, au même titre que le véhicule de son pouvoir, le père traditionnel. Pourtant, rien ne vient combler le vide, le père-nature étant déjà toujours *ailleurs*. Il est devenu lui aussi variante du *deus absconditus*.

Mais revenons un instant à la binarité basée sur l'opposition propreté-souillure. Elle propose une opposition nette, commode. Pourtant, on découvre que cette binarité est truquée et que les deux termes de l'équation ne sont qu'illusoires. Achille, obsédé par la pureté, est corrompu (il est le symbole même de la corruption d'après sa fille Geneviève) et est associé à toutes les compromissions. Tom, hédoniste et incestueux, *semble* représenter l'absolu de la liberté (donc une certaine pureté) — il évoque l'absence de compromis — alors même qu'il a vécu une double tromperie, d'adultère et d'inceste cachés. Autrement dit, les deux figures de la paternité ont choisi de vivre dans la bassesse. N'est-ce pas là le sens des allusions à Œdipe et à King Lear, c'est-à-dire à la paternité déchue?

> ROBERT, à Richard — Les femmes ont beaucoup plus le sens du tragique que les hommes. Tu ne trouves pas?
> RICHARD — Si l'on songe à Œdipe, ou à King Lear, ce n'est pas tout à fait juste. (149)

Pourtant, il existe un écart fondamental entre Œdipe et King Lear d'un côté et Achille et Tom de l'autre. Les allusions à Œdipe roi et King Lear peuvent évoquer la paternité déchue, mais elles ne peuvent effacer la différence primordiale entre l'"abaissement" (c'est-à-dire l'humiliation par le destin) et "la bassesse" (qui exclut du champ de l'héroïsme). Les deux figures paternelles de la pièce de Dubé (l'une présente dans l'univers scénique, l'autre intervenant dans l'univers dramatique, si bien qu'on n'assiste qu'indirectement, à travers Geneviève, à leur confrontation) sont affectées en quelque sorte d'une bassesse congénitale. Dans le cas d'Achille, il est reconnu par la loi comme père de Geneviève, mais il n'a aucun lien de sang avec sa fille. Il est illégitime dans le sens d'inauthentique. En revanche, dans le cas de Tom, il est le père authentique mais *illégitime*, c'est-à-dire en dehors de la loi. Le même constat aporétique vaut donc pour les deux: le père légitime ne l'est point. La "légitimité", quel que soit le personnage qui l'invoque, est donc bafouée. Les deux "pères" demeurent masqués (Achille remet son masque arraché, Tom s'avance sans se montrer), la fille est récupérée sans que son défi ait de conséquences.[22] L'effondrement des valeurs — quel qu'en soit le système — trouve son origine dans la perte de la légitimité, de ce qui est "juste."

Il en va de même dans la pièce de Grandmont où le Père-criminel est frappé d'illégitimité ("Assassin!" lui crie la mère) au moment de sa transgression ultime. Devant les faits, il n'y a pas de réplique possible; du coup, le père est dissocié du Verbe et le parricide symbolique de l'illégitime se répète.

Or, sur le plan structural, les deux pièces jouent précisément sur la quête de légitimité. Sinon, pourquoi les paramètres classiques? La rigueur classique confère justement aux deux oeuvres une *légitimité générique*, les plaçant en filiation directe avec les *origines consacrées* de la dramaturgie occidentale. De manière analogue, les allusions à la mythologie grecque dans la pièce de Dubé légitimisent en quelque sorte la trame de la pièce, en l'enracinant dans un espace littéraire canonique.

Il va sans dire que les impératifs classiques exercent une force centripète sur la pièce; ils y imposent cohésion et mesure. Ils véhiculent ainsi une idée de la perfection associable à un système de *contraintes* mais ils préparent aussi dans un mouvement analogue et contraire, l'érosion de ce système. "La nature même du classicisme, écrit Walter Benjamin, lui interdisait de percevoir l'absence de liberté, le caractère inachevé et brisé de la physis sensible et belle" (176). Ironiquement, les contraintes ne font que rehausser la *désintégration massive* qui est au coeur des deux pièces et qui se traduit par un mouvement centrifuge qui brise le mouvement centripète "classique". Le choc des deux mouvements qui se contrecarrent nuit à leur unité.

Dans la pièce de Dubé il y a éclatement de toutes parts: éparpillement de l'action, multiplication de personnages et de récits tangentiels, métathéâtralité accrue.

---

[22]Ce suicide ne constitue donc pas ce qui est considéré comme une résolution tragique classique puisqu'on a retour à un "ordre" frelaté qui n'est, finalement, que désordre.

Cette dissolution sur le plan de la structure reflète la dissolution de la famille sur le plan thématique; les paramètres classiques, tout comme le père déchu, se voient du coup évacués tant de leur pouvoir de cohésion que de leur légitimité... Le résultat, c'est l'histoire d'une enfant bâtarde et maudite, qui ressemble à un *mélo* mais qui se plaque contre la tragédie et la redéfinit, sans toutefois réduire l'héroïne au statut d'une victime.

Dans la pièce de Grandmont, l'éclatement, du moins sur le plan formel, est moins évident. L'action s'y présente comme plus serrée, le langage plus dépouillé, voire châtié. En outre, la crise métaphysique se dessine avec plus de précision et plus d'éclat que dans la pièce de Dubé qui, encombrée comme elle est d'éléments tangentiels, ne peut arriver à la même intensité.

Mais dans l'une comme dans l'autre, la désintégration érode la charpente classique. Elle la transforme en ruines et les personnages, voués à la déréliction et à une fatalité immanente qui se traduit par un quotidien dérisoire, jouent parmi leurs décombres qui témoignent, dans leur matérialité, du conflit résultant des chocs entre société et nature.

CHAPITRE TROISIÈME

Sainte Carmen de la Main

> ROSE BEEF
> Chus pas restée deboute pour rien! C'est pas vrai!
> CHOEURS I ET II
> Parce qu'à matin le soleil s'est levé pour la première fois sur la Catherine!
> CHOEUR I
> Pis je l'ai vu!
> CHOEUR II
> Pis je l'ai entendu!
> (Tremblay, Sainte Carmen de la Main 17)[23]

Comment parler du théâtre de Michel Tremblay sans parler du tragique? La majorité des critiques n'ont pas voulu le faire tant le terme semble incontournable. C'est ainsi que les critiques, à force de s'interroger sur la structure et le statut *générique* des pièces de Tremblay, ont fini par mettre le mot "tragique" à toutes les sauces, attribuant par exemple l'appellation hybride de la "tragi-comédie" aux Belles-soeurs (Maltais 13) ou la forme classique d'une tragédie grecque à Sainte Carmen (Weiss 41).[24] Sur le plan générique, c'est cette dernière pièce, finalement, qui semble être la plus complexe de toutes, à tel point que les critiques ne sont d'accord ni sur son statut générique (tragédie ou mélodrame?) ni sur son mérite. Là

---

[23]Pour ne pas alourdir le style, je propose d'abréger le titre et d'écrire simplement Sainte Carmen.

[24]Alain Pontaut, par exemple, intitule son survol de l'oeuvre du dramaturge-romancier: "Le tragique de Michel Tremblay" (34). Plus récemment, France Bélanger et Raymond Paul ont consacré un article à la "filiation tragique" chez Tremblay. Jean-Cléo Godin, de son côté, parle d'"authentique émotion tragique" (2: 254) dans le contexte de À toi, pour toujours, ta Marie-Lou. Du côté anglophone, Jonathan Weiss qualifie la situation des Belles-soeurs de "tragique" en soulignant les thèmes de dégradation et d'aliénation qui caractérisent celle-ci (31)).

où l'un voit un échec (du moins partiel), un autre voit un succès retentissant.[25]

En fait, c'est précisément cette ambiguïté foncière (plus au niveau de la forme qu'au niveau de la réception) qui a milité le plus en faveur de son inclusion dans le présent corpus. Il s'agit d'une énigme tenace, car de toutes les pièces de Tremblay, Sainte Carmen *devrait* passer irréfutablement pour une tragédie, étant donné le grand nombre de marqueurs formels du genre qu'on y trouve (les trois unités classiques, le langage poétique, l'exploitation du choeur, la démesure sous forme d'*hybris*, et même l'assassinat en coulisses). Pourtant, pour Godin, en dépit de son adhésion aux conventions tragiques, la pièce n'atteint pas le statut de "tragédie", puisque le conflit dans lequel la protagoniste est engagée s'avère marginal par rapport à la mission qu'elle s'est assignée. Tremblay lui-même, en désignant Carmen comme *Sainte,* met l'accent sur son sacrifice plutôt que sur son action héroïque. De même, le recours à l'élément lyrique (le nom de Carmen, au sens étymologique, veut dire "poème chanté") surdétermine à la fois la carrière de la jeune femme et la composition en oratorio de la présentation de sa passion. S'ajoute ensuite à cette dualité héroïne/ sainte un autre terme: la victime ni sacrée ni héroïque, c'est-à-dire la victime d'un accident. Cette figure menace, par sa simple présence, d'abolir l'*éthos* tragique:

> Aussi la mort de Carmen ne peut-elle avoir l'importance et le sens que le dramaturge a voulu lui donner: elle meurt non pas martyre, victime d'une fatalité rattachée à l'oeuvre entreprise, mais comme par accident, un accident qui coïncide seulement avec la tragédie possible, la transformant en mélodrame auquel les spectateurs, comme les choeurs, assistent impuissants et déçus. (Godin 2: 257)

---

[25]Selon Georges Desmeules dans le Dictionnaire des oeuvres littéraires du Québec, la pièce a connu deux mises en scène pendant les années soixante-dix, toutes deux d'André Brassard. Pour la première, en 1976, on avait prévu 33 représentations à la Place des Arts, mais elle a été interrompue après seulement trois soirs (les comédiens ont toutefois fait trois lectures publiques par la suite). La seconde, en 1978, au TNM, semble avoir connu plus de succès. En 1980 une adaptation télévisuelle a été diffusée par Radio-Québec le 7 avril. Dix ans plus tard, la pièce a connu un regain de faveur, cette fois-ci en Europe. Appelée désormais "Sainte Carmen de Montréal", elle fut mise en scène par Gilles Chevassieux et créée d'abord à Lyon en 1989, et ensuite à Paris en 1990 (voir Sadowska-Guillon 93).

Pour mieux apprécier le contexte des appréciations de Godin, il convient sans doute de vite retracer l'intrigue. Carmen, chanteuse de musique "country", revient à Montréal après avoir passé deux mois à Nashville. À son retour, elle s'aperçoit que sa musique lui permet non seulement de divertir son public — les prostitués et les drogués de la Main (le boulevard Saint-Laurent) — mais d'opérer une réelle transformation chez ces gens, en les valorisant dans ses chansons. Cependant, par le même geste, Carmen défie l'ordre établi de la petite société tel qu'il est imposé par le chef de la pègre, Maurice, et son tueur à gages, Toothpick. Vindicatif depuis la fois où Carmen s'est gaussée de son membre dérisoire, ce dernier finit par assassiner Carmen dans les douches. Quand il revient des coulisses il invente l'histoire d'un crime passionnel entre une idole et sa "groupie" lesbienne, Bec-de-Lièvre, imputant ainsi à l'admiratrice la plus fidèle le meurtre de Carmen.

La pièce débuterait donc comme une tragédie mais déraperait au moment du dénouement; le long monologue de Toothpick serait non seulement invraisemblable mais anti-dramatique, laissant le spectateur partagé entre l'horreur que lui inspire l'acte meurtrier et le dégoût que lui inspirent le mensonge et la manipulation auxquels se livrent Toothpick et Maurice pour occulter et neutraliser l'action de la protagoniste.

Or, à l'opposé de cette perspective qui perçoit une détérioration de la trame tragique, il y a celle de Renate Usmiani qui constate le mouvement inverse. A son avis, de toutes les pièces de Tremblay jusqu'en 1976, <u>Sainte Carmen</u> constitue la plus complexe et la plus achevée (206). Selon cette critique, la pièce opère une espèce de synthèse d'éléments antithétiques:

> In story ligne and structure, the play represents a similar combination of apparent polar opposites: A cheap melodrama about a girl who sings Western songs in the seamiest district of Eastern Montreal, and who gets shot in the shower by a third string gangster in an act of revenge because she couldn't repress her mirth at the sight of his unusually puny male organ, is developed into the full formal structure and sense of human dignity of the classical Greek tragedy. The

> central character of the play, is elevated beyond the sordid level of the story ligne into a genuine tragic heroine (...). (207)

Usmiani tente donc de subordonner les éléments de mélodrame et d'absurde à un *éthos* tragique. Elle n'indique toutefois pas *comment* la transmutation s'accomplit.

S'ajoute à cela la question de la "faute". D'abord, les personnages se polarisent: Maurice et Toothpick se rangent du côté des méchants sans nuances, Carmen et Bec-de-Lièvre du côté des héros. Chez ces dernières, le mystère tragique, qui introduirait l'idée de *hamartia*, de *culpabilité* dans l'innocence (ou, inversement, d'innocence dans la culpabilité), est dans une large mesure miné par une histoire mesquine de règlement de comptes. Il y a en effet deux transgressions, si l'on peut les appeler ainsi: d'abord, l'acte d'humilier Toothpick, et ensuite le défi à l'ordre (ou plutôt au "désordre") établi, la tentative de "délivrer" les gens de la Main paralysés par un profond mépris de soi. L'humiliation de Toothpick conduit à un fait divers sanglant mais mesquin; la tentative pour arracher la Main à l'humiliation pourrait déboucher sur une libération cosmique mais le grandiose et le mesquin restent divergents alors que dans la tragédie classique le fait divers et le défi cosmique convergent. Dans Phèdre de Racine, la belle-mère qui aime son beau-fils meurt face au soleil pour en restituer la pureté.

La mort de Carmen ne restaure pas l'ordre, mais le *désordre*, et ses transgressions n'atteignent nullement la dimension terrible du crime. Absente est l'aporie dont toutes les situations tragiques sont des approximations: "(...)il est tragique que je fasse le mal précisément en voulant faire le bien; il est tragique que je doive écraser la liberté d'un autre pour conquérir la mienne..." (Domenach 29)). Dans Sainte Carmen, la faute de Carmen n'est qu'anodine et sa mort est directement attribuable à la scélératesse de Maurice et de Toothpick, et non pas à un quelconque courroux divin, ni à la nécessité de détruire celle qui a perturbé l'ordre. Le Mal et le Bien sont l'apanage des humains, chez qui ils restent distincts. Telle est, en fait, la formule du mélodrame selon Camus:

> Les forces qui s'affrontent dans la tragédie sont également légitimes, également armées en raison, écrit Camus. Dans le mélodrame ou le drame, au contraire, l'une seulement est légitime. (...) La formule du mélodrame serait en somme: *Un seul est juste et justifiable*, et la formule tragique par excellence: *Tous sont justifiables, personne n'est juste*. (Domenach 52-53)[26]

Sans doute est-ce là une des principales contraintes de la tragédie, dont la forme même fait intervenir le *sacré*, ce qui ne peut être appréhendé ou encore moins évalué par l'entendement humain. Le bien des héros, qui informe leur univers, est entaché d'une faute; le bien du système légitime qui les brise peut alors justifier sa violence et même les abus que les héros ou révoltés ont osé défier. Dans <u>Sainte Carmen</u>, ce n'est pas le "bien" qui triomphe. Maurice n'a aucune légitimité et le meurtre effectué par Toothpick en étouffant une vérité cosmique n'affirme aucun ordre, sauf dans la mesure où il en établit un dans la société de la pègre. Pourtant, comme le rappelle Jean-Marie Domenach, le Bien et le Mal appartiennent à un vocabulaire provisoire qu'il faudra écarter au moment où l'on parle de tragédie: "La tragédie, on le verra, nous ramène en deçà de ces distinctions trop simples" (16). Or du moment où Dieu ne fait plus partie de l'équation, où il n'est plus question de cette impondérable trahison de la part du Bien qui fait du mal, la polarisation qui fait basculer la tragédie vers le mélodrame devient possible. Autrement dit, quand le Bien est posé comme "pur", le Mal devient également pur (et on a le mélodrame). Voilà l'enjeu ironique. L'ambivalence étant évacuée de la confrontation, le pouvoir sacré des deux instances est aboli.

Toutefois, dans le cas de <u>Sainte Carmen</u>, Carmen est porteuse d'un mythe ("le soleil"), d'un témoignage et d'un espoir. Elle est aussi victime *presque* innocente (elle n'a enfreint que la "loi" d'obéissance du milieu criminel) et donc analogue à une

---

[26] Conférence prononcée à Athènes sur l'avenir de la tragédie (1955), cité dans Domenach.

martyre. Elle entre alors dans un autre type de sacré qui n'est plus tragique mais qui est celui du *mystère* (en passant par l'oratorio).

Sainte Carmen s'inscrit donc mal dans un schéma de la tragédie classique. D'une part, la pièce diffracte l'idée de culpabilité, puisque la protagoniste ne met pas en cause l'ordre social ou cosmique, mais le désordre — l'ordre criminel de la pègre —, et que la *catharsis* véritable ne peut avoir lieu. D'autre part, le caractère de la protagoniste n'est pas marqué par l'*hamartia* (la "sainteté" sur laquelle Tremblay met l'accent est d'un autre ordre, sur lequel il faudra revenir). Mais un autre élément brouille encore le modèle tragique: c'est le mensonge qui cherche à occulter la catastrophe. Pourquoi un mensonge si sordide, si bizarre? Qu'apporte-t-il finalement à l'économie de la pièce, en termes tragiques, cognitifs, esthétiques ou autres? A cet instant-là, surtout, la mort de Carmen est vidée de sens et l'action de la pièce semble chavirer dans le grotesque; tragédie sacrée donc qui se court-circuite de manière singulière en s'infléchissant vers l'absurde.

Reprenons. Les critiques proposent deux visions diamétralement opposées; l'une conduisant au mélodrame, l'autre à la tragédie. Toutefois, il serait sans doute préférable de souligner comment les éléments mélodramatiques ou absurdes sont orchestrés ici dans une tragédie "impure", désacralisée structurellement, mais que reconstruit un autre sacré.

D'abord, Tremblay use de deux traditions tragiques différentes; il va chercher le choeur grec dans sa demeure antique, l'habille en travestis et prostituées, et le replace dans un univers québécois "programmé" par les trois unités, c'est-à-dire par la dramaturgie française du XVIIe siècle traditionnellement dépourvue de choeur.[27]

---

[27]On convient généralement que le choeur existait, sous une forme radicalement restreinte, en la personne de la confidente. Schiller condamnait cette pratique française: "Die Abschaffung des Chors und die Zusammenziehung dieses sinnlich mächtigen Organs in die charakterlose, langweilig wiederkehrende Figur eines ärmlichen Vertrauten war also keine so große Verbesserung der Tragödie, als die Franzosen und ihre Nachbeter sich eingebildet haben." (11) Comme traduction française de ce passage je propose: l'abolition du choeur et la réduction de cet organe à l'efficacité puissante en une figure ennuyeuse et dénuée de caractère, celle du misérable confident qui revient sempiternellement, n'était donc pas une si grande amélioration de la tragédie que les Français et leurs imitateurs serviles se le sont figuré. ("De l'utilisation du choeur dans la tragédie grecque", Préface

Mais pourquoi Tremblay fait-il évoluer ses personnages hétérogènes, fortement marqués par la sexualité (homosexuelle et hétérosexuelle), dans une architectonique surdéterminée par ses origines jansénistes (ou du moins archi-conservatrices)? Et qu'en est-il du choeur? Cette structure que l'on associe maintenant (à tort) à l'incarnation du bon sens, à l'homogène raisonnable? Pourquoi Tremblay, iconoclaste invétéré, se sert-il de cette structure *a priori* usée[28] et peu adaptée à la figuration de l'hétérogène?

Ces questions sont d'autant plus pertinentes que le choeur occupe une place de choix dans l'oeuvre de Tremblay. Depuis la création des Belles-soeurs (1968), le choeur surgit fréquemment dans son univers romanesque comme dans son univers dramatique, s'incarnant notamment, après Les Belles-soeurs (1968), dans En Pièces détachées (1970), Lysistrata (1990), adaptation de la comédie d'Aristophane, et, plus récemment, dans Marcel poursuivi par les chiens (1992). Dans le domaine du roman, il apparaît très clairement dans les «Chroniques du Plateau Mont-Royal,» notamment dans La Grosse Femme d'à côté est enceinte et Le Premier Quartier de la lune, où il assume la forme des "tricoteuses", gardiennes du destin, qui tiennent entre les doigts le fil du temps.[29] Il est à noter accessoirement que les choreutes prennent systématiquement des visages de femmes, soit sous la forme de matrones, comme dans les Belles-soeurs, soit sous la forme de travestis et de prostituées comme dans Sainte Carmen. Ce rôle de gardienne(s) du destin semble se conjuguer avec la sexualité féminine, le pouvoir de l'enfantement permettant d'affleurer la mort par le biais de la

---

de "Die Braut von Messina").

[28]Patrice Pavis touche un peu à la question de l'affaiblissement du choeur dans son Dictionnaire du théâtre: "Malgré son importance fondatrice dans la tragédie grecque, le choeur apparaît vite comme élément artificiel et extérieur au débat dramatique entre les personnages"(68).

[29]"Sortes de figures locales des Moires qui, dans la mythologie grecque, présidaient au destin des individus, elles assument ce rôle de fileuses du temps dont le fil peut être rompu à tout moment." (Bélanger et Paul 53)

74

vie.[30]

Ainsi, la dramaturgie de Temblay joue-t-elle à fond sur la modalisation artistique du théâtre grec. On signale, par ailleurs, comment la "gestation" de Marcel poursuivi par les chiens aurait été fortement influencée par une représentation des Atrides montée par le Théâtre de la Cartoucherie à Vincennes. C'est après avoir assisté à celle-ci que l'auteur-dramaturge québécois aurait abandonné l'ébauche d'un roman en cours en faveur d'une pièce (Bélanger et Paul 47). Pourtant, ce parti pris était déjà connu. Presque vingt ans plus tôt Tremblay avait déclaré son admiration pour la dramaturgie classique: "J'adore les Grecs," aurait-il confié avant la création de Sainte Carmen.[31]

L'UNIVERS EN EXPANSION

Dans Sainte Carmen, les choeurs constituent ni plus ni moins qu'un personnage principal, à qui l'héroïne doit sa dimension sacrée, car les choeurs-spectateurs fournissent une espèce de matière vivante dans laquelle Carmen cherche à inscrire son miracle, offrant à la fois *projet* (partenariat et témoignage) et miracle *projeté* (non réalisé — d'où le "martyre"). Sans le choeur, la figure de Carmen serait littéralement *sans objet*, empreinte non pas de sainteté mais de futilité, et même, à la limite, de folie — d'aliénation, autrement dit, dans tous les sens du mot. Il ne s'agit pourtant pas d'une dynamique à sens unique: le choeur a besoin de Carmen, pour l'amener à la conscience, autant que Carmen a besoin du choeur. Choeur et personnage se complètent, le choeur caractérisé surtout par son lyrisme et Carmen par sa volonté de praxis. Il a besoin d'elle comme il a besoin d'espoir ("Aujourd'hui est notre jour de délivrance! (82)). Ce n'est d'ailleurs pas un hasard si le choeur s'étiole après l'assassinat de la "sainte". Il y a même une *seconde* destruction du choeur, cette

---

[30]Rappelons-nous en passant qu'au sein de l'Église catholique le féminin, le sacré et le destin sont associés à la Sainte Vierge (à travers l'annonciation, la nativité et la Pietà).

[31]Cahiers de la nouvelle compagnie théâtrale, 26.

fois-ci en la personne de Bec-de-lièvre (qui se présente comme médiatrice entre la Sainte et le choeur). Si c'est par le meurtre de Carmen et le mensonge subséquent que Maurice et Toothpick font taire le choeur, c'est par les menaces qu'ils font taire Bec-de-Lièvre (MAURICE -"Si tu vends Tooth Pick, tu me vends. *Silence.*" (89)). Pourtant, le silence ne dure pas longtemps puisqu'il est aussitôt remplacé par la musique "sud-américaine anémique et souffreteuse" de Gloria.

Cette relation en quelque sorte symbiotique entre le choeur et l'héroïne opère une série de permutations sur le statut relatif de l'héroïne. Au plan de *l'hybris* ou de la démesure, il existe un phénomène de dédoublement. Tous deux, le choeur aussi bien que l'héroïne, cherchent à s'élever au-dessus de leur condition, transgressant ainsi les limites imposées par "le milieu" et commettant un acte de démesure qui entraîne leur destruction. Le choeur, comme Carmen, est châtié pour avoir cru à la possibilité de transformer le quotidien. Si Carmen est mise à mort et rendue aussi méconnaissable sur le plan figuré que dans Phèdre le corps ensanglanté d'Hippolyte le fut sur le plan littéral, le choeur, lui, est soumis à un supplice autre: son exaltante fonction poétique se trouve réduite à des sons inarticulés. Or, c'est précisément ce passage du lyrisme au mutisme, de la poésie au silence, qui est au coeur du tragique chez Tremblay, et qui trouve sa manifestation sans doute la plus claire dans l'évolution du choeur. À l'opposé des choeurs "classiques" qui demeurent relativement neutres, et donc ne sont pas impliqués dans le drame, les choeurs de Sainte Carmen passent de la situation de témoins à celle de "convertis" qui épousent le mouvement de l'héroïne.

Mais, si le choeur vibre à l'écoute de l'héroïne, il ne fonctionne pas moins en tant qu'agent de distanciation. Cette fonction fut rendu explicite par les célèbres propos de Schiller, qui voyait dans le choeur un élément essentiel à la tragédie:

> L'introduction du Choeur serait l'étape ultime et décisive — quand bien même elle ne servirait qu'à déclarer la guerre franchement et honorablement au naturalisme dans l'art, elle serait pour nous un rempart vivant dont la tragédie se ceindrait afin d'établir nettement une clôture par rapport au monde réel afin

de préserver son territoire idéal et sa liberté poétique.³²

Dans le cas de Sainte Carmen, l'observation de Schiller demeure très juste. Non seulement le chœur permet-il de lutter contre le naturalisme et l'"illusion chosiste", mais il infirme celle-ci en lui injectant, de manière *active*, ce que l'on pourrait appeler, faute de mieux, de l'*irréalité*. Cette incompatibilité apparente entre l'esthétique réaliste et l'usage du chœur naît finalement de la disjonction entre la prétention de re-présenter le réel et l'esthétique tragique, cette dernière étant extrêmement codifiée, donc "artificielle," par définition.

L'incompatibilité des deux régimes esthétiques transparaît également dans les commentaires de Jean-Cléo Godin, qui impute l'échec relatif de la pièce "d'une part à un parti pris de réalisme, d'autre part à l'utilisation souvent maladroite des chœurs" (2:259). Le critique apprécie la "dimension poétique intéressante" qu'apportent les chœurs mais il leur reproche leur inefficacité:

> (...) dans la seconde partie ils s'effritent, leurs interventions se limitent graduellement à de brèves considérations noyées par le dialogue de Maurice et Carmen, jusqu'à ce «Ah!» final censé marquer leur désespoir, mais dont l'indigence touche au grotesque. (2:259)

Certes, la réaction des chœurs au monologue pervers de Toothpick qui annonce la mort de Carmen est, pour le moins, étrange. La passion qui les animait dans la première partie s'est volatilisée. Du coup, ils se présentent comme une masse gonflée et malléable, qui s'affaisse devant le coup de poing de la fatalité (la mort de Carmen) et dont le «Ah!» involontaire n'est que le son de ce souffle sourd qui échappe au moment de l'impact.

Effectivement, ce curieux affaissement constitue un embrayage "dépsy-

---

³²Ma traduction. Le passage en allemand se lit ainsi: "Die Einführung des Chors wäre der letzte, der entscheidende Schritt — und wenn derselbe auch nur dazu diente, dem Naturalism in der Kunst offen und ehrlich den Krieg zu erklären, so sollte er uns eine lebendige Mauer sein, die die Tragödie um sich herumzieht, um sich von der wirklichen Welt rein abzuschließen und sich ihren idealen Boden, ihre poetische Freiheit zu bewahren" (10).

chologisant" dont l'effet se répercute sur toute l'économie de la pièce: il met en évidence la nature fictive, c'est-à-dire éminemment artificielle, des personnages en général et des choreutes en particulier, des simulacres n'obéissant ni aux mêmes règles, ni aux mêmes systèmes de modalisation que ceux qui régissent le développement de personnages "vraisemblables".

L'option "symboliste" plutôt que "réaliste" du choeur s'impose dès le début de la pièce, lorsque le choeur accueille le soleil naissant. La tache de sang géante sur le ciel est de mauvais augure; d'ailleurs, en décrivant le soleil ainsi, le choeur lui-même donne forme au présage et "situe" l'action en termes d'*éthos*. Pourtant, il affiche une étonnante ambivalence, s'extasiant devant la beauté du tableau, indifférent au danger qui se dessine en contrepoint. Ou peut-être ne s'agit-il pas d'indifférence. Peut-être Tremblay cherche-t-il à représenter ce "grand frisson de joie, proche parent du frisson d'horreur" dont il parle dans <u>Douze coups de théâtre</u> (224) et qui semble avoir orienté son travail du point de vue esthétique. Dans cette optique, le choeur se présente à Tremblay comme il se présentait à l'esprit de Friedrich Nietzsche un siècle auparavant: une masse de "spectateurs idéalisés" grisés non par la Beauté et son harmonie mais par le déchirement du Sublime. "Du fond de la joie la plus vive," affirmait Nietzsche dans le contexte de la tragédie, "s'élèvent des cris d'épouvante ou la lamentation sur quelque irréparable perte. (23)"

Mais entendons-nous sur le terme "spectateur idéalisé". Ce n'est pas dans le sens de Hegel, qui part du principe que la mise en scène doit être reçue et comprise d'une seule et bonne manière, mais plutôt dans le sens de *défoulement* et de *passion* implicite justement dans le choeur antique qu'il faut le comprendre ("Dirigeons-nous donc tour à tours vers tous les temples de nos dieux, en formant des choeurs pour la nuit entière, et qu'à notre tête s'avance Bacchos, ébranlant le sol thébain sous ses pas." (<u>Antigone</u> 78)). Ce déchaînement où l'affectif et le physique sont pris en charge par le mythique serait, selon Nietzsche, un principe fondamental du choeur:

> Il faut se souvenir toujours que le public de la tragédie attique se retrouvait évoluant à l'orchestre et qu'il n'y avait pas de différence entre le public et le choeur; car

> il n'y avait qu'un grand et sublime chœur de satyres
> chantants et dansants, et des spectateurs représentés
> par ces satyres eux-mêmes.[33]

Malheureusement, la traduction française offerte par Geneviève Bianquis, passe à côté d'une idée fondamentale dans ce passage; ce n'est pas seulement que le public se retrouvait dans le chœur mais plutôt qu'il n'y avait, au fond, *aucune différence* ("keinen Gegensatz").

Corollaire à cette notion d'implication totale est le phénomène d'identification spéculaire ("Nach dieser Einsicht dürfen wir den Chor, auf seiner primitiven Stufe in der Urtragödie, eine Selbst-spiegelung des dionysischen Menschen nennen (...)" (Nietzsche 68))[34] et, effectivement, chez Tremblay, le chœur est lui-même "possédé," *nolens volens,* par la magie du spectacle, comme au moment de l'entrée en scène de Gloria:

> CHŒURS I ET II
> (...) Ah! Quand a passe à côté de moé j'ai comme un arrière-goût de samba qui me monte le long du dos. (...) Gloria-du-Port transporte le carnaval de Rio dans sa démarche pis ses gestes. Mais un coup qu'est passée, j'sens comme un trou... comme si Gloria voulait garder pour elle tu-seule sa musique envoûtante. Quand Gloria me regarde chus t'un feu d'artifice. Mais quand Gloria regarde ailleurs... chus pus rien. (35-36).

Cette exaltation est la même qui cautionne la sanctification de Carmen. Sans elle, sans cette jubilation mêlée de révérence, la mort de Carmen n'aurait pas plus de sens qu'un fait divers. Le chœur à la fois prend en charge et relaie les conflits entre les protagonistes en les situant sur le vecteur symbolique et en les inscrivant dans le

---

[33] "Nur muß man sich immer gegenwärtig halten, daß das Publikum der attischen Tragödie sich selbst in dem Chore der Orchestra wiederfand, daß es im Grunde keinen Gegensatz von Publikum und Chor gab: denn alles ist nur ein großer erhabener Chor von tanzenden un singenden Satyrn oder von solchen, welche sich durch diese Satyrn repräsentieren lassen" (Nietzsche 67-68).

[34] "C'est pour cela que nous pouvons dire que le chœur à son premier stade, dans la tragédie primitive, est l'image que l'humanité dionysiaque aperçoit d'elle-même (...)" (Bianquis 59).

temps ("Gloria, c'est la musique que j'aimais hier") Bref, le choeur est capital dans la mise en relief du héros (car c'est bien de cela qu'il s'agit) et cette mise en relief constitue un des deux éléments maîtres de la structure de la tragédie (Bayer 36).[35]

Or, s'il est vrai que les choeurs se placent *en amont* du régime réaliste, il est vrai aussi qu'ils se meuvent *à l'intérieur* du régime mythique. Pour apercevoir cette dimension, il suffit de regarder le début de la pièce et le lever du soleil qui annonce l'avènement de la sainte et qui déclenche la temporalité tragique:

> *Les deux choeurs entrent lentement, le premier guidé par Sandra, le second par Rose Beef.*
>
> CHOEUR I
> À matin, le soleil s'est levé.
> CHOEUR II
> A matin.
> CHOEUR I
> Le soleil.
> CHOEUR II
> Je l'ai vu.
> CHOEURS I ET II
> J'ai vu le soleil se lever, à matin, au bout d'la rue Sainte-Catherine.
> CHOEUR I
> Une grosse boule de feu rouge.
> CHOEUR II
> Sang.
> CHOEURS I ET II
> Rouge sang.
>
> (...)
> CHOEURS I ET II
> Le soleil est v'nu au monde comme un coup de poing rouge au bout d'la Catherine!
> SANDRA
> C'tait beau!
> ROSE BEEF
> C'tait beau! (13-14)

---

[35]L'autre serait la disposition relative de la montée et de la catastrophe.

Intense, éblouissant et subit, le soleil est associé non pas à une beauté abstraite mais à une violence physique. En même temps il assume une fonction performative: l'apparition soudaine du soleil rouge manifeste que "la tragédie est ouverte" (comme le président d'une assemblée déclare la séance ouverte). Par ailleurs, une figuration analogue, avec le même aspect performatif, existe dans <u>Antigone</u> de Sophocle, au moment où le choeur entre pour chanter le triomphe du soleil au lendemain de la guerre entre Thèbes et Argos:

> CHOEUR: Ô rayon du plus beau soleil qui ait jamais
> brillé encore pour notre Thèbes aux sept portes,
>   tu as donc lui enfin, oeil du jour doré! et à peine t'es-tu
> montré au-dessus des eaux du Dircé,
>   que le Péloponnésien au bouclier blanc, qui,
> avec armes et bagages, était déjà sur la route d'une
> fuite précipitée, a brusquement, dès qu'il t'a vu,
> pressé l'allure de ses chars. (76)

Repousser l'ennemi, chasser l'obscurité... est-il besoin de dire la charge symbolique que possède le lever du soleil? C'est ici que le renouveau, le triomphe du Bien (chez Sophocle), l'instant créateur, ("la lumière fut") paraît d'emblée dans son expression extrême.

Au niveau de la temporalité, le lever du soleil met en évidence ce paradoxe ontologique qui caractérise le sacré, participant à la fois de l'inchoatif et de l'éternel. Le choeur évoque le temps de la cosmogonie, *ab origine, in illo tempore*,[36] mais aussi le caractère *singulier* de l'événement : ("(...) à matin le soleil s'est levé pour la première fois sur la Catherine![37]" (17)). À cette charge symbolique se greffe une charge métaphorique, au visage du *hêlios* se substitue le visage de l'*héroïne*:

> **CHOEURS I ET II**
> Le soleil, c'est Carmen!
> **SANDRA**
> C'est Carmen qui s'est levée à matin sur la Catherine!

---

[36] Voir Mircea Eliade, <u>Le sacré et le profane</u>.

[37] La rue Ste Catherine

>ROSE BEEF
>C'est Carmen qui a réchauffé la Main tout l'après-midi!
>CHOEURS I ET II
>C'est Carmen qui est au-dessus de moé pis qui me
>regarde! (20)

Ainsi, dans Sainte Carmen, le soleil revêt une puissante signification "cultique". Sans doute cette signification ne se limite-t-elle pas à la seule pièce de Tremblay; elle constitue un ressort principal, on l'a vu en passant, dans Un fils à tuer et, à un degré moindre, dans Au retour des oies blanches.[38] Pourtant, chez Tremblay, il y a cette différence sensible: l'oeil de dieu (chrétien ou païen, qu'im-porte) est devenu l'oeil d'une chanteuse western, spécialisée en "yodle". Evidemment, le risque de tomber dans le ridicule est grand. Tremblay s'efforce de minimiser ce risque en insistant sur le caractère sacré de Carmen en termes païens: la jeune femme est une diva ou une *star* — ce qui l'apparente encore davantage au soleil — et son intervention dans la pièce fera d'elle une sainte, l'analogue d'une martyre chrétienne rédemptrice. Mais la pièce, qui problématise aussi la fonction du spectacle dans un cadre urbain (le soleil se lève sur la rue, la chanteuse règne sur la "Main" parce qu'elle est "l'étoile" d'un cabaret), met en cause l'*éthos* tragique d'une autre manière, en associant la référence cosmique, non à un milieu noble ou élevé, mais à la pègre, à une société interlope à l'envers de la cité.[39] Tremblay s'efforce de corriger ce que cette matière pourrait avoir de sordide et de pallier la vulgarité comme à la dérision parodique, en ayant recours à une technique de transposition, c'est-à-dire, ici, aux choeurs. C'est à eux qu'il revient d'assurer la dimension poétique de la pièce.[40]

---

[38] Il va sans dire que l'association entre le héros et le soleil constitue un puissant archétype qui traverse l'art occidental entier (sans parler de la psychanalyse ni de la théologie). Gilbert Durand reconnaît justement la primauté de ce schème dans son étude, Les structures anthropologiques de l'imaginaire, où il parle de *héros solaire* et de *héros lunaire*, chacun correspondant à un vaste régime du symbolisme — soit diurne, soit nocturne — selon les isomorphismes respectifs. Cf. notamment le chapitre sur les "Symboles spectaculaires" (162-178).

[39] Cf. Bertolt Brecht, L'opéra de quatre sous.

[40] Il n'est d'ailleurs pas sûr qu'ils y réussissent.

Tel un prisme qui traduit la lumière blanche et crue du soleil en gammes irisées, le choeur transforme l'invisible en visible, éclairant la violence humaine dans ce qu'elle a de plus brutal mais la purifiant de son caractère sordide à travers le langage. Pour ce faire, les choreutes multiplient les figures de style: métaphores, personnifications, répétitions, chassé-croisés, et même silences, transformant ainsi le banal en événement (spectacle), le mot en Verbe ("Y [le soleil] a explosé sans prévenir, pis chus restée clouée sur le coin de la Main avec... les larmes... aux yeux!" (17)).

Ainsi un rapport étroit s'instaure entre le choeur et le logos qui se présente sous l'aspect d'une fonction nominatrice (corollaire donc à la fonction poétique). Dans une scène qui rappelle le monologue d'Yvette Longpré dans <u>Les Belles-soeurs</u>,[41] les choeurs passent en revue les noms des spectatrices-spectateurs fictifs venus apporter l'appui de "la Main" à Carmen:

        BEC-DE-LIÈVRE, à Carmen
Détends-toé. Détends-toé!
    CHOEURS I ET II, SANDRA ET ROSE BEEF
Tout le monde est là.
            SANDRA
Lola.
           ROSE BEEF
Mimi.
            SANDRA
Gerda.
           ROSE BEEF
Babalu.
         CHOEURS I ET II
Miss Clairol.
        BEC-DE-LIÈVRE
Détends-toé.
(...)
    CHOEURS I ET II, SANDRA, ROSE BEEF
Bélinda.
           CARMEN
J'me détends.

---

[41]Il s'agit d'une remarquable litanie de noms dans laquelle elle évoque toutes les invitées à la fête de sa belle-soeur.

CHOEURS I ET II, SANDRA, ROSE BEEF
Roméo.
CARMEN
J'me détends.
CHOEURS I ET II
La Main au grand complet s'est déplacée. (44-45)

La nomination (sur la scène de la représentation) équivaut à une convocation de la scène sociale, elle-même pénétrée par l'imaginaire.[42] Du coup, la masse grouillante des spectatrices-spectateurs est soumise à un processus d'*individuation*, comme si le choeur avait la capacité de conférer aux autres personnages (encore virtuels) une certaine "authenticité" et une certaine stabilité référentielles. Désormais, l'acte de nommer s'apparente à l'acte de créer: ce qui n'était que masse indifférenciée devient ensemble de "cellules" individuelles et distinctes. Bref, c'est comme si, au contact du choeur, l'univers dramatique se mettait à foisonner de l'intérieur, se livrait à un processus de *mitose*.

Cette individuation est en fait "épique" de nature; chaque élément ("cellule"), étant le prototype d'une multitude, est capable de susciter un ensemble, de créer une légion de forces mise au service de celle qui va assumer le rôle de champion.

S'ajoute à ce phénomène d'individuation un phénomène correspondant d'expansion, nécessaire à l'absorption de tous ces nouveaux réseaux-personnages.

La "vertu" spectaculaire des personnages cités comme témoins vient renforcer le pouvoir de Carmen (cf. dans l'épopée, la présence de héros assistant au combat de leur champion, devenu héros à la puissance deux). *La Main* elle-même, cadre social urbain, est venue sur la scène (effet de réalisme magique épique), ce qui attire le cosmique.

Certes, le choeur a de tout temps été associé à cette notion d'expansion. Selon Schiller, le principe d'expansion est intrinsèque au choeur, lié non seulement à son importante présence physique, mais aussi et peut-être surtout à sa distance vis-à-vis

---

[42] Le "passage en revue" est la traduction verbale d'une "revue"-spectacle et l'amorce de spectacles absents, "animés" par les personnages cités.

de l'action:

> Le chœur n'est pas lui-même un individu, mais plutôt un concept général d'ensemble (*ein allgemeiner Begriff*); toutefois ce concept se présente en termes sensibles comme une masse puissante qui s'impose par sa présence et s'amplifie. Le chœur abandonne le cercle étroit de l'action pour étendre ses propos au passé et à l'avenir, à des temps et des peuples lointains, à tout l'ensemble de ce qui est humain afin de tirer les grandes conclusions de la vie et d'exprimer les leçons de la sagesse.[43]

Il n'est pas certain que le chœur dans <u>Sainte Carmen</u> assume une telle fonction didactique, mais il jouit sans aucun doute d'une perspective privilégiée, se tenant en équilibre entre l'univers dramatique, concrétisé sur la scène, et l'autre, invisible, qui se déploie sur la Main. À lui le rôle non seulement de truchement et de témoin, mais aussi de multiplicateur de l'action: il la fait déborder de la scène même où elle se joue. De plus, cette amplification n'est pas mécanique: le chœur est impliqué *subjectivement* dans cet épanouissement. Il réagit, à la fois collectivement et dans chacun de ses éléments singuliers, à l'action qu'il évoque ("*me* laver"), tout en replaçant cette action dans l'univers de la nature ("à grande eau"):

> **CHŒURS I ET II**
> Au coin de la Main pis de la Catherine, j'ai déjà commencé à conter c'qui s'est passé à ceux qui étaient pas là. (...) Tout d'un coup, Greta-la-Vieille, qui est si bonne dans les imitations pis qui a une mémoire incroyable, se met à chanter la dernière chanson de Carmen, au beau milieu de la rue. Les chars s'arrêtent. Le monde s'accotent dans les vitrines. La voix de Carmen monte par-dessus les maisons. Ha! On dirait... que quelqu'un ... est après ... me laver

---

[43] Ma traduction. L'original est comme suit: "Der Chor ist selbst kein Individuum, sondern ein allgemeiner Begriff, aber dieser Begriff repräsentiert sich durch eine sinnlich mächtige Masse, welche durch ihre ausfüllende Gegenwart den Sinnen imponiert. Der Chor verläßt den engen Kreis der Handlung, um sich über Vergangenes und Künftiges, über ferne Zeiten und Völker, über das Menschliche überhaupt zu verbreiten, um die großen Resultate des Lebens zu ziehen und die Lehren der Weisheit auszusprechen" (12-13).

> à'grande eau! (75)

Grâce au choeur donc, le "show" de Carmen se propage, se transmet à la manière d'un rhizome, s'irradiant dans toutes les directions à partir d'un lieu de contact, la Main. Encore une fois le principe d'expansion, ou, pour emprunter le terme d'Etienne Souriau, le principe sphérique du choeur est lié, du moins en partie, à la parole, c'est-à-dire que la croissance de l'univers dramatique est modulé au rythme de cette diffusion langagière.

Or, cette souplesse ontologique, cette possibilité double de se tenir un peu à l'écart de la réalité scénique et en même temps de faire croître celle-ci au sein d'un univers en expansion, s'oppose au rétrécissement de la fatalité sans issue. Paradoxalement, le choeur participe de l'une comme il participe de l'autre; suivant la tradition oraculaire, ses métaphores- pressentiments le rattachent explicitement au destin. De façon inéluctable, l'image du soleil ensanglanté cédera à l'image de Carmen baignant, littéralement, dans son sang.

C'est néanmoins à Bec-de-Lièvre, personnage pleinement individué, distinct du choeur, qu'il revient d'articuler de manière implicite ce que Bélanger et Paul appellent la "filiation tragique," la malédiction insidieuse, transmise de génération en génération, qui frappe les familles chez Tremblay. Carmen se bat pour échapper à une lourde hérédité: une mère dégoûtée par la sexualité et l'enfantement, qui ne cesse de punir sa fille par la suite, et un père dépassé qui conduit la moitié de sa famille à la mort avec lui. Toujours est-il que Bec-de-Lièvre ne fait aucune mention du père sinon d'une manière très oblique, comme membre d'une maison de fous:

> Carmen s'était déjà rendormie dans son lit, avec le
> goût de l'hostie dans le fond de la gorge, pis une idée
> en tête: partir de c'te maison de fous-là au plus sacrant
> pour se débarrasser de sa mère folle! En rêve, Carmen
> chantait, c'te matin-là. Y paraît. (52)

La lutte de Carmen est amorcée par un rêve — mais surtout inspirée par un réflexe de défense (la fuite comme libération), soutenue par un talisman (la musique, instrument d'évasion, d'abord symbolique et rêvée, puis "réelle") et sanctionnée par une mission sacrée. La jeune femme perçoit son destin alors qu'elle a "le goût de l'hostie dans la bouche"; elle doit s'enfuir "au plus sacrant": le sensible (le goût dans la bouche) et le profane langagier (au plus sacrant, "sacre" blasphématoire populaire) rattachent dès lors paradoxalement le mystique au quotidien. Protection donc contre la folie ambiante qui menace de la happer, la musique lui arrive doucement... comme la grâce, lui accordant une force et une éloquence insoupçonnées.

DE LA NON-ACTION ET DU CHOEUR

Ironiquement, ce même moyen de salut la conduira à sa perte, par une *hybris* au delà de l'action. Or, si cette perte est patente du point de vue mondain, elle introduit néanmoins la notion de martyre. En revanche le choeur, lui, se détruit par la non-action et la non-voix. Pourtant, c'est précisément cette non-action qui, aux yeux d'Hélène Cixous, définit le choeur. Et l'impuissance du choeur est la nôtre.

> — A quoi sert-il, puisqu'il ne tue pas, il ne venge pas, il ne cause pas, et il n'empêche rien?
> — Eh bien, là, justement, est la nécessité du Choeur: il est là pour *souffrir autrement*, (...).
> Le Choeur a sa propre tragédie, celle du Témoin Impuissant, la tragédie, toujours recommencée, de l'exil, de l'interdit, de l'exclusion, qui est le lot de tous ceux qui sont privés du bien le plus précieux: la possibilité *d'agir*. (Cixous (s.p.))

Voilà ce qui lui donne corps dans, et à travers, la souffrance: "Le Choeur a mal. C'est le Choeur qui a pour "honneurs" (attributions) d'éprouver dans sa chair, en traduction affreuse, tous les maux de tous les protagonistes" (Cixous (s.p.)). En effet, le choeur est ce lieu de passage, celui qui "traduit" ("fait passer") les maux. Chez Tremblay, il "fait passer" dans les deux sens; traduisant non seulement l'événement en mots (par exemple le lever du soleil en entrée triomphale), mais aussi effectuant l'opération inverse, faisant passer les mots en événements (maux), c'est-à-dire en ce qui échappe aux mots. "Passeur" donc qui, en faisant passer le mensonge du régime de la parole au régime du corporel, conduit les faits depuis une certaine abstraction de la parole jusqu'au silence insoutenable de la chute. Le silence du choeur médusé n'est pas de résolution mais de blocage, évidence d'une béance et d'une ouverture vers le non-dit.

Le mensonge les (nous) prend au dépourvu; nous (ils) en restons interloqués. Traditionnellement, la tragédie met en scène la révélation d'une *vérité* (la reconnaissance), mais ici la vérité est escamotée, rendue dérisoire par contamination avec le mensonge qui lui a usurpé sa place ultime. Le mensonge occasionne une rupture, non seulement sur le plan générique mais aussi et surtout, sur le plan illocutoire (impliquant spectateurs/spectatrices aussi bien que choreutes). N'est-il pas toujours une question de pacte rompu? La vérité, c'est l'espace mutuel "par défaut", la toile de fond transparente et éternelle sur laquelle s'imprime le langage tragique.

En congédiant violemment le vrai, le mensonge institue un autre univers de discours radicalement opposé à celui dans lequel évoluent traditionnellement et le choeur et le héros tragiques. On saisit bien l'enjeu de la démarche: dépaysement, certes, mais aussi *incapacité d'agir*; ces êtres (comme nous, spectateurs et spectatrices, d'ailleurs) programmés depuis toujours par une tradition tragique et donc par des révélations successives dans l'univers du vrai, sont inaptes à fonctionner dans la *contre-vérité*. D'où un des aspects les plus troublants du dénouement dans <u>Sainte Carmen</u>: en replaçant la mort de Carmen sur le plan du fait divers sordide, ce mensonge semble détruire l'entreprise héroïque de la protagoniste. Mais surtout, en substituant cyniquement un *vrai mensonge*, une contre-vérité délibérée, à la vérité cachée de l'oracle, le mensonge nous fait assister au déclenchement d'une *autre* fatalité (au deuxième degré, en quelque sorte).

Le choeur, ou plutôt nous, devrions réagir à l'abus du mensonge, protester ouvertement, vivement, mais l'univers du discours qui n'est pas le nôtre nous échappe, nous déroute, nous prive de la possibilité d'intervenir dans et par le langage. Ironiquement le seul registre susceptible de corriger le mensonge s'avère, à la fin, inaccessible.

Il est un passage dans le récit autobiographique de Tremblay, <u>Douze coups</u>

de théâtre, qui éclaire si merveilleusement bien cette relation de puissance — impuissance qu'entretient le langage à l'action et cette implication médusée du spectateur et de ses médiateurs que je me risque à le citer presque intégralement. Il s'agit du récit du tout premier spectacle auquel a assisté Michel Tremblay, enfant. Le spectacle, qui s'intitulait *Babar le petit éléphant...*, se déroulait devant un auditoire d'enfants émerveillés, fous de bonheur à la vue de Babar:

> Mais à un moment donné, Babar disparut et tous les autres personnages partirent à sa recherche. Dans la salle, c'était la consternation: nous avions vu le méchant (ou la méchante, je ne me souviens plus trop) *empoisonner* notre idole et l'enfermer dans la maison en disant qu'il ferait un délicieux et plantureux repas, mais personne dans la pièce n'avait été témoin de la scène et l'héroïne courait partout en criant son nom. Elle regardait derrière l'arbre, derrière les rochers, derrière les fleurs, la niaiseuse, alors qu'il aurait été si facile d'ouvrir la porte de la maison! Elle s'arrêta soudain, nous regarda et nous dit:
>
> «Et toi, est-ce que tu sais où se trouve notre ami Babar?»
>
> Les hurlements qui suivirent furent d'une force telle que la tante de Jean Paradis dut se boucher les oreilles. Tous les enfants présents, trépignants, criaient: «Dans la maison! Dans la maison! Y'est empoisonné! Y'est mort! Y'est dans le fourneau!» Ils étaient debout, ils piochaient; certains étaient montés sur leurs fauteuils. Les mères essayaient en vain de les calmer. L'héroïne aussi, d'ailleurs, un peu dépassée par les événements.
>
> Tout mon être, tout ce que j'étais, mes sentiments, mes pensées, étaient bloqués dans ma gorge. Non seulement je n'arrivais pas à sortir un seul petit son, mais en plus j'étais un traître parce que j'étais incapable de dire à la jeune fille où était Babar! Une culpabilité effroyable venait de s'abattre sur ma conscience (...).
>
> C'est alors que la tante de Jean Paradis fit une chose extraordinaire qui me permit de survivre à cet épouvantable moment d'angoisse. Elle me prit dans ses bras et me mit debout sur le dossier du fauteuil

> d'en avant. Et j'ai pu voir Babar sortir de la maison en se frottant les yeux et en demandant à ses fans en folie ce qui s'était passé. Au moins lui était sauvé! Mais l'héroïne faisait celle qui n'entend rien alors que quelques centaines d'enfants étaient en train de cracher leurs poumons; elle ne se retournait pas, continuait à chercher Babar, s'enquérait auprès de nous, de moi, de la disparition de notre ami. Elle était sourde? Elle ne l'avait pas entendu nous parler? Moi, je pensais: «Tourne-toé! Y'est là! Tout est correct, à c't'heure, y'est revenu!» Mais tout restait en dedans, inutile, ridicule parce qu'inexprimé.[44]

Cette angoisse du non-dit, cet inexprimé à fleur de peau mais si profond, qui est "la souffrance autre," évoquée par Cixous, et qui sera celle plus tard du chœur dans Sainte Carmen s'imprime très tôt et avec prégnance, dans l'esthétique de Tremblay. Elle survient, dans cette pièce spécialement, comme un élément métathéâtral: l'image de nous-mêmes, spectateurs impuissants, sidérés et piétinés par les mots qui refusent de sortir au bon moment, par notre incapacité de parler, d'agir et de se faire entendre.

Or, c'est précisément l'utilisation abusive, voire blasphématoire, des mots — sous la forme du mensonge — qui détraque, entre autres, le mécanisme tragique classique dans Sainte Carmen. Il ne s'agit plus du mécanisme "minutieux, bien huilé" dont parle Anouilh (Antigone 47) mais plutôt d'un rouage grinçant, qui finit par tomber en panne. Finalement, ce dénouement qui se court-circuite tout en étant privé de clôture, ne serait-il pas précisément l'inscription d'un tragique moderne? L'impuissance, ou plutôt la non-puissance, comme la non-action, du spectateur-chœur prend une tournure terrible, car le dénouement ne lui accorde plus aucun répit.

---

[44]Michel Tremblay, Douze coups de théâtre (Montréal: Leméac, 1992) 35-36.

CHAPITRE QUATRIÈME

Le chien

> L'abjection accompagne toutes les constructions religieuses, et elle réapparaît, pour être élaborée d'une façon nouvelle, lors de leur effondrement. (Kristeva 24)

Curieusement semblable dans sa dynamique à celle qui existe dans Un fils à tuer, mais en l'inversant, Le chien (1987) de Jean Marc Dalpé s'inscrit dans cette vaste lignée de pièces qui *re*-présentent le parricide et son "envers" l'infanticide (qui sont, depuis le Nouveau Testament, toujours/déjà *récidive*). Cependant, cette fois-ci ce n'est pas le Père qui détruit le fils, mais le fils qui tue le Père, comme si le schéma de la relation autoritaire se tordait pour exhiber son envers, son alternative catastrophique telle qu'identifiée par Roland Barthes dans le théâtre racinien:

> Le Sang est donc à la lettre une Loi, ce qui veut dire un lieu et une légalité. Le seul mouvement qui soit permis au fils est de rompre, non de se détacher. On retrouve ici l'impasse constitutive de la relation autoritaire, l'alternative catastrophique du théâtre racinien: ou le fils tue le Père, ou le Père détruit le fils: dans Racine, les infanticides sont aussi nombreux que les parricides. (Sur Racine 43)

Cette observation vaut non seulement pour le théâtre racinien, mais pour tout théâtre du parricide, car elle révèle d'une part l'inévitable rupture menée contre, et provoquée par, la relation autoritaire et, d'autre part, l'étonnante mobilité qui existe au niveau des actants eux-mêmes et qui indique, ne serait-ce qu'au niveau du chuchotement, leur torsion intrinsèque. Père/fils, agent/victime, sujet/objet, toutes ces "fonctions", en perdant leur fixité, se mettent à pivoter autour du même verbe (tuer) qui, lui, seul, ne bouge point.

Les grandes lignes de l'action du Chien, se résument en peu de mots. Après un hiatus de sept ans, le fils "prodigue" (Jay) revient à la maison de son père pour "faire la paix" avec celui-ci.[45] Toutefois le père est trop amer et trop endurci après des années d'alcoolisme et de violence pour se rapprocher du fils.

La rencontre est également grevée par la bagarre, sept ans auparavant, où Jay adolescent, se révoltant contre une enfance d'abus physique, avait battu son père. Si le fils avait réussi à avoir le dessus, la honte et le ressentiment — les retombées de sa propre brutalité — l'avaient poussé à s'enfuir.

Le retour de Jay, sans qu'il l'ait prévu, coïncide avec l'enterrement du grand-père paternel, un des défricheurs-fondateurs de la région. Au moment où la scène s'éclaire (il n'y a pas de rideau), on entend des aboiements. Attaché en permanence dans la cour du père, le chien, devenu fou, incarne, par une espèce de jeu métonymique, la folie agressive du père; et c'est en achevant le chien que Jay enclenche la péripétie (l'affrontement avec son père) et la reconnaissance de toute la pièce:

> (...) la seule façon de liquider le ressentiment et malgré tout, d'accomplir un acte d'amour, c'est peut-être de tuer le père qui est resté attaché au même lieu, vide de projets et d'espoir. (Gobin 1993, 244)

Jay lutte contre une telle solution, néanmoins, et essaie de retrouver sa place dans la lignée grâce à l'évocation du grand-père. Mais le ressentiment de sa mère, attachée malgré elle à un lieu qu'elle déteste (46-47), l'oblige à revenir au conflit

---

[45] Pendant son absence, Jay a cherché à incarner le "rêve américain" en assumant les traits hybrides d'un cowboy urbain à la beatnik: "L'Amérique tabarnac! Free Spirit ostie! James Dean Easy Rider sacrament! Le bicyc' à gaz au Texas câlice!... J'en ai eu un" (41). Ainsi se dessine en pointillé une très riche intertextualité qui inclut les oeuvres de Jack Kerouac comme, plus récemment, Volkswagen blues de Jacques Poulin.

présent. Croyant en outre que sa soeur adoptive, Céline, est enceinte du père,[46] il retrouve sa révolte d'autrefois et succombe à la jalousie et à la soif de vengeance. Le problème de la réconciliation se règle par trois balles à la poitrine. Ainsi, la paix qu'il *fait* répudie le sens d'une entente entre êtres vivants en faveur d'une espèce de syncope imposée, d'un arrêt brutal provoquant une "miséricordieuse anesthésie" (Colette). Bref, il *fait* la *paix* comme un accident peut *faire* un mort.

L'ironie de la catastrophe nous révèle aussi la force de la fatalité qui conduit Jan depuis son enfance, lui qui, à sept ans, a reçu un fusil en cadeau du grand-père et à qui le père a donc voulu apprendre à tirer. En partant, il y a sept ans, il avait d'ailleurs dit, selon Céline, "M'as l'tuer si j'le r'vois" (14). Qui plus est, il semble avoir décidé de rentrer chez lui sur un coup de tête, sans savoir pourquoi:

> Fait qu'un jour, j'me ramasse devant un comptoir de billets d'autobus pis quand le gars m'dit: «So where you goin'?» j'y dis le nom du village icitte. (...) J'y avais même pas pensé avant. (...) pis ça sorti tu-seul. Fait qu'y fallait. (43)

Bref, la fatalité se présente comme une mémoire inhumaine qui récupère les menaces prononcées dans un excès de colère et les réactive, inéluctablement, plus tard.

Mais quelle distinction peut-on établir entre la mémoire inhumaine et la mémoire mécanique? Même l'inscription d'une absence de mémoire — dans le cas de l'amnésie ou de la déraison — ne fait que souligner la relation intime, et la co-extensivité, de la mémoire et du corps. L'absence de mémoire jette une lumière crue sur l'organisme ne faisant ressortir ainsi que son côté *mécanique* comme le corps du schizophrène décrit par Deleuze et Guattari. Il s'agit alors d'une machine productrice et désirante, "s'identifiant dans la nature comme production ou industrie" (9-10).

Plus étonnant encore est ce qui résulte du mouvement contraire. Enlever à la mémoire son support organique serait conduire aussi à une vision mécanique, mais cette fois-ci il s'agirait d'une mécanique de la mémoire descriptible tant en termes

---

[46]Même si le père n'a pas rendu Céline enceinte, il l'avait violée un an auparavant et l'avoue à Jay juste avant que celui-ci ne le tue (53-55).

textuels (relais heuristiques, par exemple, stratégies allégoriques et symboliques) qu'en termes métaphysiques (la mémoire comme fatalité), mais seulement en termes qui relèvent de l'*inhumain*.

Voilà donc les deux champs principaux de cette étude: la chair et la mémoire. De cette dualité qui résonne d'échos cartésiens il est possible de tracer les incidences de la convergence ainsi que de la scission. Curieusement, le phénomène du parricide surgit toujours, dans un cas comme dans l'autre, qu'il s'agisse de convergence ou de coupure.

Il est d'ailleurs remarquable de constater que le phénomène du parricide, qui, traverse si profondément la dramaturgie québécoise, a aussi fortement marqué la naissance de la dramaturgie franco-ontarienne.[47] De toutes les pièces du présent corpus, c'est la seule à vraiment actualiser sur scène ce phantasme du meurtre du père. Déjà fort présent dans des pièces comme celles de Grandmont (Un fils à tuer), de Dubé (Au retour des oies blanches), de Tremblay (À toi, pour toujours, ta Marie-Lou), le parricide, en tant que projet-phantasme, n'y atteint que rarement sa réalisation gestuelle et ponctuelle. On nous présente le plus souvent un parricide d'ordre symbolique, comme dans la pièce de Dubé où la figure du père est assujettie au "jeu de la vérité", c'est-à-dire à un processus de démystification collective impitoyable qui serait la précondition d'affranchissement d'une jeunesse dépossédée et opprimée.

Dans la pièce de Dalpé, en revanche, la distance entre phantasme et action est abolie, le meurtre du père se jouant sur un plan irrémédiablement *physique*. En effet, le père étant resté debout après avoir reçu les trois balles dans la poitrine, Jan doit *toucher* celui-ci pour l'achever.

---

[47]Il y a lieu de s'interroger ici, justement, sur les stades naissants respectifs de la dramaturgie québécoise et de la dramaturgie franco-ontarienne. Se peut-il qu'il existe un rapport direct entre l'émergence d'une dramaturgie nouvelle et le degré de brutalité parricidaire représentée sur scène, brutalité qui se serait raffinée et "civilisée" par la suite? La violence physique qui éclate entre père et fils au début de la dramaturgie québécoise (notamment dans Le jeune Latour de Gérin-Lajoie et dans Un fils à tuer de Grandmont) trouve son écho dans la pièce de Dalpé, qu'on peut considérer comme une des pièces fondatrices de la dramaturgie franco-ontarienne.

>JAN Câlice! Câlice! Câlice! Pis moé?
>
>*À chaque «câlice», Jan touche la poitrine de son père. Là où il touche apparaît le sang sur sa chemise blanche du dimanche.*
>
>NOIR. (56)

Pas d'assassinat en coulisses ici. Le sang doit être visible, écarlate, car il est le langage ostentatoire et accusateur du cadavre; c'est à travers lui que le corps crie "Assassin!"

Mais il y a aussi double «vocalisation»: d'un côté la sémiose du corps de la victime, de l'autre côté, les sacres désespérés du bourreau qui, dans son "impuissance à atteindre l'unité dans le dire," se rabat sur "la chaîne incantatoire des jurons" qui semblent "plus proches de l'oppression insidieuse" dont il souffre (Paré 31). Dans l'espace d'un toucher se dessine alors — entre le sacre et le mort — tout un symbolisme eucharistique. En ce sens il n'est pas exclu de manipuler la synecdoque "boire le câlice jusqu'à la lie" et de reconstituer ainsi son contenu sémantique au premier degré, c'est-à-dire de substituer à la métonymie "câlice" le référent différé "le sang du fils". "Boire le sang du fils (père) jusqu'à la lie." Voilà décanté en quelque sorte le véritable projet du protagoniste, suggéré d'ailleurs par le souvenir, déjà évoqué plus tôt dans la pièce, du père et de sa chemise tachée de vin rouge à la poitrine ("du vin qui r'vole su' sa chemise propre (21)"). Ainsi, sur le plan métaphorique, le rapprochement tant souhaité avec le père devra, ironiquement, passer par un rapprochement poussé à l'extrême, poussé donc à l'*ingestion*. Ce n'est donc pas un hasard si le grand-père évoque le mystère de la transsubstantiation très tôt dans la pièce, car celle-ci signale avec précision l'enjeu totémique à l'oeuvre ici:

>Toute une vie. La vie c'est dans les os, t'sais. C'est là qu'elle est. C'est un mystère. Comme le Bonyeu dans l'Hostie. Est toute là... jusqu'à' poussière. (10)

La transsubstantiation prend son appui, bien entendu, dans le corporel ou dans ce que nous avons appelé la "physicalité". Constamment évoquée et relayée par les ressorts internes de la pièce, la physicalité du corps y épouse la forme d'un topos obsessionnel, le corps étant lui-même devenu le site d'une altérité radicale ou d'une étrangeté répugnante qui, poussée à l'extrême, menace de sombrer dans l'abjection. Cette "abjection en puissance" qu'est le corps — à la fois la matière et la forme de l'être humain — sera donc fondamentale dans notre interprétation de la pièce en général, et dans la conception du tragique véhiculée par celle-ci, en particulier.

Or, le corps, site de l'"être" ("être" comme substantif mais aussi comme verbe qui se conjugue *au sein du temps*: "je suis"; "elle est"; "ils sont", etc.) a sa propre façon de rendre compte de la temporalité et de lui donner forme: cette ressource est la «mémoire». Loin d'être exclue du corporel, la mémoire peut et même doit se modaliser là où existe la corporalité. Dans l'oeuvre magnifique de Marcel Proust, par exemple, tout le travail (et la parfois douloureuse euphorie) de la mémoire est déclenché par un acte physique qui affecte les sens dans leur lieu le plus intime: la madeleine fondant dans la bouche du narrateur.

L'action du <u>Chien</u> en tant que telle, est éminemment ponctuelle, comprimée dans deux instants précis: le meurtre du père et la *mimésis antérieure* de la catastrophe: la mise à mort du chien. L'économie de la pièce est construite à partir de remémorations disparates — sorte de bric-à-brac affectif — rendues disjointes par le temps et par la douleur. L'image peut-être la plus frappante de cet amoncellement de souvenirs épars est évoquée par la mère qui, songeant aux démarches nécessaires pour obtenir un divorce, est attristée par le surgissement soudain de souvenirs qui l'habitent, telles des photos tirées d'un album familial:

> MÈRE Ça me fait de quoi quand même, t'sais. Pas pour lui, comprends-moé ben, pas pour lui.
>
> *Pause*
>
> Mais dans ma tête... dans ma p'tite tête... j'nous vois le jour du mariage pis, drette à côté... drette à côté, j'me vois où c'est que j'suis rendue aujourd'hui. Ça s'éteint d'un bord pis de l'autre. Tout autour de ça, y'a d'autres photos qui viennent, qui partent... de quand j'étais

> jeune fille, de quand t'es né, de quand y t'frappait...
> des fois ça va vite, vite, vite, pis j'suis toute mêlée en
> dedans. (16-17)

Ainsi représentée, la mémoire humaine se modalise par des relais vertigineux, anarchiques et photographiques, susceptibles de récupérer des bribes de temporalité révolues et de les réunir à l'intérieur des mêmes "clignotements". Le passé est mis en parallèle avec le synchronique.

Or, cette spatio-temporalisation anarchique *menace*, par son caractère essentiellement discontinu et brisé, le temps historique, basée comme il est sur le continuum linéaire. Et en effet, même l'histoire officielle de la région se représente davantage par ce genre de relais photographiques que par l'énumération de faits diachroniques:

> GRAND-PÈRE Le curé y'a dit quequ'mots à propos des hommes comme moé qui sont venus fonder le village, pis comment y'en restait pus. Pis après y sont partis, pis y m'ont laissé tranquille. C'est-tu vrai qu'y'ont mis de nos vieilles photos su'l'mur du bureau de poste? Avec une p'tite plaque pis toute? Y'a dit ça le curé, qu'y avait là Bouchard, Briand, Paquette, moé pis quequ's'autres. J'te gage y'ont même mis c'te calvaire de Dieudonné St-Cyr... un maudit voleur de chevaux celui-là! (19)[48]

Photos, cartes postales, photogrammes cinématographiques, les images figées dans de petites aires rectangulaires se disséminent et refont surface sporadiquement aussi bien dans l'espace dramatique que dans l'imaginaire des personnages:

> MÈRE C'était beau la Californie?
> JAN Pas disable.
> MÈRE Essaye.
> JAN Comme dans' vues.
> MÈRE Comme su'es cartes postales?
> JAN Pareil. (22)

---

[48]Je souligne.

Dans cet univers de collages eux-mêmes composés de représentations photographiques, chaque personnage a néanmoins sa préférence individuelle: à la mère, les cartes postales, à la fille, les photos. Lors du flashback qui fait revivre la "fugue" de la mère et de la fille qui tentent de s'arracher à l'*ici* maudit, la charge affective de ces objets particuliers révèle toute son intensité:

> CÉLINE   Ton Kodak?
> MÈRE   Oui.
> CÉLINE   Ta collection de tasses pis de soucoupes?
> MÈRE   D'la marde!
> CÉLINE   Mes photos?
> MÈRE   Pas de place.
> CÉLINE   Mes photos?
> MÈRE   Pas de place.
> CÉLINE   MES PHOTOS!!!
> MÈRE   Une autre boîte! (35)

Les personnages s'accrochent farouchement aux souvenirs. Ces photographies "discrètes," au sens mathématique, sont le signe, la "graphie" de leur(s) mémoire(s), à la fois la figuration et le catalyseur de celle-ci.

Or, si ces images sont très évocatrices, surtout dans le contexte des personnages, leur véritable dimension phénoménologique et esthétique est de l'ordre architectonique. Ce n'est qu'en se positionnant devant l'"architecture" de la pièce que l'on arrive à saisir l'étendue de ce phénomène. Il devient évident que la pièce elle-même est construite selon un principe de "la mémoire clignotante". En réunissant un ensemble hétéroclite d'images ou de tableaux qui sont, effectivement, *éclairés de façon intermittente* par les feux de la rampe, la pièce ressemble dans sa structuration globale à ces images clignotantes, s'allumant et s'éteignant à intervalles divers derrière les yeux de la mère.

Ainsi, le mouvement chronologique du temps dramatique est saisi et analysé dans des images spatiales. Par ailleurs, malgré l'apparence quelque peu hétéroclite de ces éléments, il existe ce que l'on pourrait appeler des "isotopies" de la mémoire — ou simplement des "topoï" — dont les images reviennent sous des variations subtiles. Les images du fusil, de la terre, et surtout du trou, se multiplient avec insistance, jalonnant le dialogue et, sur le plan matériel, déterminant la forme de la mise en scène.[49]

C'est comme si la force de la mort était égale à celle de la gravitation de la planète: tout ramène à la boue, au trou, aux plaies béantes de la terre. Tout concourt à donner l'impression que la pièce elle-même est en proie à cette attraction d'une nature carrément *physique* (et dans le sens du corporel, et dans le sens de matière inanimée); les gestes, les souvenirs, le langage, rien n'échappe finalement à cette force centripète.

Ainsi l'espace géographique, comme l'espace de la mémoire, devient *chose* à son tour. Élevé au statut de forme géométrique primaire, le trou se rattache à un "géométrisme morbide" de l'être humain situé dans un univers dégradé.[50] Et même lorsque la réification de l'espace ne prend pas la tournure d'une implacable géométrie, elle retient toujours son aspect à la fois aliénant et délirant, à l'image d'une humanité mesquine et dévorante:

> MÈRE J'haïs toute icitte. Toute. (...) J'haïs les arbres.
> Les hosties d'épinettes. Rachitiques, grises pis tassées
> comme dans une canne de sardines. On dirait qu'y
> s'égorgent, qu'y s'boivent, qu'y s'mangent les unes les
> autres... Pareil comme le monde.
> (...)

---

[49]Dans son livre sur le théâtre franco-ontarien, Mariel O'Neill-Karch décrit la disposition scénique de la pièce dans une mise en scène de Pierre Perrault au Factory Theatre à Toronto du 11 novembre au 4 décembre 1988 (production en anglais): "La scène elle-même était en forme d'amphithéâtre taillé dans le roc du bouclier pré-cambrien. À gauche, quelques marches qui menaient à la porte de la maison mobile du père. Au centre, à l'avant-scène, un demi-cercle dans lequel se trouvait de la terre mêlée à des cailloux, à l'image même du sol ingrat du nord de l'Ontario. Ces références sans équivoque forment un ensemble signifiant, lié d'abord à la difficulté de vivre, là où la nature est si hostile, et aux personnages qui ont été façonnés par ce «trou» (...)" (147). Pour des analyses plus approfondies sur cette question, voir les travaux de O'Neill-Karch et de Pierre Gobin (1993).

[50]"Il y a du «géométrisme morbide» dans notre existence partout où la quantité prime la qualité, le rythme de la production le bonheur humain, où le *résultat matériel des actes compte plus que l'intention*" (Gabel 99). Je souligne.

> JAN T'sais, y'a des trous pareils partout, sinon pires même.
>
> MÈRE Mais icitte c'est spécial. C'est mon mauvais rêve à moé icitte. Je l'ai dans' peau. Je l'ai dans'os comme un cancer. (31)

Voilà un point crucial. Dalpé situe son oeuvre dans un espace qui, bien que hautement ritualisé et "déterritorialisé" en raison de sa géométrisation, demeure néanmoins et paradoxalement "territorialisé" dans une géographie spécifique. Si l'espace constitue les êtres au même titre que les os et les muscles, il peut également, et par la même logique, les anéantir comme un cancer qui leur est indissociable.

Il existe donc deux mouvements paradoxaux: d'une part la force centrifuge que la mémoire exerce sur le temps historique et qui fragmente avant de rassembler au hasard les images du passé; d'autre part, la force centripète à la fois intérieure et extérieure à la mémoire, qui tire tout vers le bas, dans un mouvement non pas tant de chute que d'affaissement, la plupart du temps imperceptible puisqu'infinitésimal.

Dans un mouvement comme dans l'autre, il s'agit d'une *spatialisation du temps* qui traduit un état de profonde aliénation chez les personnages et qui se manifeste par une prépondérance d'échanges déshumanisants. Ainsi, le temps, conçu non pas en termes qualificatifs mais quantitatifs, c'est-à-dire en valeur d'échange, devient commensurable à l'argent. La pensée de Lukács permet d'élucider avec précision ce phénomène psychosocial. Selon ce dernier, le temps de la production n'est pas celui de l'individu (ou, en termes de Joseph Gabel, de "l'activité créatrice vivante"), mais celui de l'être en situation d'aliénation:

> Le temps perd ainsi son caractère qualitatif, changeant, fluide; il se fige en un *continuum* exactement délimité, quantitativement mesurable, rempli de «choses» quantitativement mesurables (les «travaux accomplis» par le travailleur, réifiés, mécaniquement objectivés, séparés avec précision de l'ensemble de la personnalité humaine) : en un espace. (117)

En d'autres termes, on se retrouve, dans la pièce de Dalpé, devant cette vision de la temporalité dégradée que les psychosociologues associent à une schizophrénie socialement déterminée et qui se manifeste avec une étonnante netteté dans la dystopie relationnelle qui fonde le rapport mère-père. Dans l'esprit du père (et, à un degré moindre, chez la mère), le temps subit un nivellement et une condensation extrêmes, si bien que celui-ci (et par extension, la vie) ne peut plus être saisi que sous forme d'une succession de factures payées ou non payées.

> Ton père pis moé ça fait vingt ans qu'on s'est pas parlé d'autre chose que des comptes à payer. C'est dur à croire hein? (...)
> Quand j'y parlais d'autre chose, d'un programme de TV ou de j'sais pas trop quoi, soit y m'répondait pas, soit y trouvait une façon de ramener ça à l'argent. Je r'gardais Dallas, lui disait de quoi su' l' bill de l'huile à chauffage. Y'avait une nouvelle à' radio à propos des Irlandais pis des protestants, lui y m'demandait si le chèque pour la quincaillerie d'O'Brien avait passé. (15)[51]

Aplati et découpé, le temps s'écoule non pas en unités événementielles, mais en petites unités pécuniaires d'autant plus déshumanisantes qu'elles se mettent à accélérer et à sauter des gradations, exposant de manière encore plus cuisante l'abîme phénoménologique qui les sous-tend.

> Tu penses que j'exagère, hein? Ben j'exagère pas. Vingt ans. (...) Un hiver en attend pas un autre. Tout à coup ça n'en faisait cinq! J'ai essayé à un moment donné d'y en parler. Y s'est levé, y'est parti pis tout à coup ça n'en faisait huit. (16)

A force de vivre dans un univers inhumain, à durée spatialisée (traduite, du côté de la mère, par l'accumulation des images figées, et, du côté du père, par l'amoncel-

---

[51] Un passage analogue se trouve dans <u>Eddy</u>, pièce subséquente de Jean Marc Dalpé. Dans cette autre pièce, le personnage éponyme cherche désespérément ses photos afin de pouvoir se légitimiser aux yeux des agents du fisc, mais sa femme est moins naïve: "MADO (*vite*) Eddy, c'est pas tes scrapbooks pi c'est pas tes photos qui vont changer quoi que ce soit à l'affaire. (...) Eux autres, y s'en contre-câlissent de tes scrapbooks pis de tes
photos. Y regardent les chiffres, c'est tout! Ça balance, ça balance pas..." (46-7)

lement de factures à payer), les personnages sont, à leur tour, "réifiés", réduits au statut des "choses".

RÉIFICATION ET DÉCRYPTAGE

L'organisation de ce type de réification peut être saisie par le biais de l'*anamorphose*, et donc selon la perspective d'une pratique de représentation à clef et d'un décryptage. Parallèlement, la réification qui s'effectue au niveau du temps se laisse interpréter par le biais d'une stratégie représentationnelle analogue qui est celle de l'*allégorie*.[52] Bien sûr, une stratégie n'exclut pas l'autre. Au contraire, toutes deux participeraient du même geste herméneutique, c'est-à-dire, d'une part, un acte de contrôle et de contrainte, de l'autre, celui d'un décryptage.

Le terme «anamorphose», cependant, ne serait-ce qu'en vertu de sa seule étymologie ("le corps ou la forme vus de travers") s'applique sans doute mieux à l'analyse de la représentation et de la distorsion corporelles. En effet, l'anamorphose est définie par Jurgis Baltrušaitis, dans son livre <u>Anamorphoses ou Magie artificielle des effets merveilleux</u>, comme «une projection des formes hors d'elles-mêmes et leur dislocation de manière qu'elles se redressent lorsqu'elles sont vues d'un point de vu déterminé" (5). Je réserve donc l'anamorphose pour le domaine de la forme et appliquerai celui d'allégorie pour le domaine de la concrétisation de l'abstrait, en l'occurrence, à la mémoire de l'événement.

Dalpé, en choisissant pour titre <u>Le chien</u>, offre un point d'entrée dans le texte en focalisant sur cette bête qui, autrement, ne resterait que marginale à la fable. Le chien est donné comme une sorte de clef, un hiéroglyphe. D'abord, c'est l'image très ancienne de la mélancolie (d'où le lien à la folie), évoquée d'ailleurs par Walter Benjamin dans sa monographie sur le drame baroque allemand:

Selon une tradition très ancienne, «la rate gouverne

---

[52]Plusieurs critiques considèrent l'anamorphose comme une sous-espèce de l'allégorie.

> l'organisme du chien».[53] Si cet organe, décrit comme particulièrement sensible, dégénère, le chien est supposé perdre sa vivacité et devenir *la proie de la rage.*[54] C'est dans cette mesure qu'il symbolise l'aspect sombre de cette complexion. (Benjamin 163)

Aussi la grande susceptibilité à la rage fait du chien le symbole par excellence de l'animalité à l'état pur. En saisissant ce symptôme de "dépersonnalisation" agressive comme un stade avancé de tristesse, on peut faire un rapprochement fructueux entre cet état pathologique particulier et l'aliénation poussée à son point extrême. Dans "la mort des affects," pour emprunter la tournure poétique de Benjamin, "où se retirent les vagues de vie qui les suscitent dans le corps, l'éloignement du monde peut aller jusqu'à la perte de son propre corps" (152). Au plan de l'affectif, le corps deviendrait alors "corps étranger", ou bien, tout simplement, "étrange", déroutant dans toute sa non-familiarité potentielle. Dépouillé ainsi de toute attache et de charge affective, le corps n'est plus que le site d'une survivance tenace ("T'es encore vivant toé!" (7)[55]) et même, en cas extrême, d'une autonomie d'autant plus épouvantable qu'elle repose sur le matérialisme le plus complet:

> JAN Faut que tu l'tues. Tu vois pas qu'y faut l'tuer!
> *Le père tente de le retenir, mais Jan le repousse brusquement.*
>
> PÈRE Laisse ça. Laisse!
>
> JAN Tu vois pas qu'y'est malade... qu'y'est même pas juste malade... même pas juste fou... Y'est déjà mort! Tout c'qui reste là, c'est une boule de nerfs qui souffre. (44-45)

Soudain, le jeu d'équivalences entre le chien enragé et le père révèle sa

---

[53] Giehlow 1904, 72.

[54] Je souligne.

[55] En tant que première phrase de la pièce, celle-ci est révélatrice; elle constitue un énoncé évoquant non seulement l'état de "mort vivant" qui s'appliquera plus tard aux personnages, mais aussi, quoique de façon ambiguë, un *projet de catastrophe*.

dimension métaphysique la plus déroutante. Au plus profond de la folie, les frontières entre le sujet et l'objet semblent vaciller à un point tel que l'intégrité du sujet a l'air de sombrer dans l'objet. Chien et père ne sont plus deux êtres conscients et créateurs mais deux signes flottants qui masquent deux formes de *chair* indifférenciables: deux "boules de nerfs" égales l'une à l'autre et définies uniquement en fonction de la sensation aussi atroce que primitive qui les anime. En ce sens, les propos de Kristeva dans <u>Pouvoirs de l'horreur</u> témoignent de la terrible ambiguïté qui hante l'être et menace de le faire basculer à tout instant dans le non-sujet:

> Frontière sans doute, l'abjection est surtout ambiguïté. Parce que, tout en démarquant, elle ne détache pas radicalement le sujet de ce qui le menace — au contraire, elle l'avoue en perpétuel danger. (17)

Assurément, l'opprobre associé à l'abjection est voisin de l'angoisse enclenchée par toute transformation fulgurante et imprévue du corporel. Curieusement, il est aussi associé au plaisir suscité à la vue des figures anamor-phiques qui fascinent justement, parce qu'elles font ressortir "les incertitudes des choses normalement visibles" (Baltrušaitis 70). Entre le proverbe banal "On ne peut se fier aux apparences" et la tautologie radicale, il n'y a qu'un pas: l'esthétique de l'abjection, du moins telle qu'articulée dans la pièce de Dalpé, conduit à l'observation que, non seulement les choses (êtres) ne sont pas ce qu'elles semblent être, mais, ce qui est pire, *elles ne sont pas ce qu'elles sont.*

En outre, l'instabilité foncière, liée tant à l'essence qu'au visible, trouve son expression sans doute la plus répugnante dans le morcellement. Là où des critiques comme Jacques Lacan et Timothy C. Murray mettent l'accent sur l'importance du regard et du désir chez celui ou celle qui contemple l'anamorphose,[56] autrement dit, sur *l'effet* de l'anamorphose sur le spectateur, Fernand Hallyn, lui, fait une lecture portant davantage sur le *travail* de l'anamorphose. Dans son interprétation, Haillon

---

[56] Plus particulièrement, Lacan voit le crâne déformé dans *Les ambassadeurs* de Holbein comme un «fantôme phallique», alors que l'ensemble du tableau, avec l'interaction des deux perspectives, donnerait lieu à l'"néantisation" du sujet.

part de l'impression d'*inquiétante étrangeté* (l'*Unheimliche* dans le vocabulaire de Freud) produite par toute anamorphose pour établir un lien entre et le surgissement du refoulé et la mémoire du "corps morcelé" associée à l'état pré-identitaire infantile:

> Le stade du miroir conjure ainsi le fantasme du corps morcelé, mais n'élimine pas pour autant la possibilité de son ressurgissement ultérieur sous une forme inquiétante et étrange.
> Or, l'anamorphose disloque les figures, détruit leur *Gestalt*. Un des sujets préférés, c'est justement le *corps morcelé*. (180)

A titre d'exemple, Haillon cite l'auteur renaissant Daniele Barbaro (Venise, 1569) cité auparavant par Baltrušaitis:

> Les figures peuvent être décomposées avec les parties séparées les unes des autres de la façon qu'elles paraissent se rejoindre lorsqu'elles sont regardées de biais: aussi le front d'une figure peut être placé en un lieu, le nez en un autre et le menton ailleurs encore... Et l'on ne reconnaît plus si la peinture représente une tête (...). (35)

Qui plus est, l'image du corps déchiqueté, si elle n'est pas nouvelle dans le domaine des arts visuels, est encore plus ancienne dans celui du tragique. Longtemps l'humanité confia à la tragédie la représentation du démembrement de ses membres: depuis la mort sanglante d'Hyppolyte dans <u>Phèdre</u> ou la décapitation horrible de Penthée dans <u>Les bacchantes</u>...

Toutefois, dans <u>Le chien</u> de Dalpé, le morcellement du corporel ne relève pas de la punition d'une quelconque instance divine survenue au terme de la fable. Au contraire, il est simplement *donné* (comme fatalité) et, en sa qualité a-causale, traverse toute la facture dramatique, depuis l'exposition jusqu'à la catastrophe. Semblable, à maints égards, à la célèbre image anamorphique de la tête de mort dans le tableau *Les ambassadeurs* de Hans Holbein, l'image de la "boule de nerfs" signale la dégradation en puissance, s'inscrivant dans un temps mort pour ainsi dire, à la fois en dedans et en dehors de la représentation dramatique. Chez Holbein, l'image du crâne caché vient détruire l'autorité de l'image à point de vue perpendiculaire, c'est-à-dire le portrait des ambassadeurs entre lesquels sont exposés des instruments scientifiques.[57] Ainsi, le tableau devient-il une allégorie de la Vanité, de l'omniprésence de la mort à laquelle ne saurait se soustraire aucun savoir terrestre.[58]

Bref, l'allégorie anamorphique reposerait précisément sur un phénomène de juxtaposition et de dédoublement: "C'est comme s'il y avait non pas une, mais deux compositions, chacune avec son propre point de vue, juxtaposées dans le même cadre" (Baltrušaitis 104). De cette manière, la génération du sens s'inscrit — par le jeu du "dédoublement du regard" — à même l'espace de la différence:

> La mise en oeuvre simultanée de deux perspectives
> distinctes entraîne la dissociation du centre de vision
> en deux foyers, la substitution d'un espace visuel
> elliptique à l'homogénéité circulaire. (Haillon 167)

Söderlind, en s'inspirant de cet exemple (qui est celui de Holbein analysé d'abord par Baltrušaitis et ensuite par Haillon), jette les bases théoriques de ce qu'elle appelle l'«anamorphose générique», phénomène esthétique et ontologique qui naît du rapport différentiel entre deux discours génériques herméneutiquement contradictoires.

Dans la pièce de Dalpé, une tension analogue opère impliquant juxtaposition et dédoublement, mais ici l'anamorphose n'est pas tant *générique* qu'*éthique*. Autrement dit, le geste héroïque transposant la violence, qui fonderait la tragédie formelle et qui constituerait sa raison d'être, se voit périlleusement miné (et cela, à

---

[57] Avant de livrer son sens, l'image anamorphique exige que le spectateur occupe une position oblique vis-à-vis du tableau. Voici le résultat d'un tel déplacement tel que décrit par F. Haillon: "Lorsque le spectateur se soustrait à l'échange de regards avec les ambassadeurs et qu'il va occuper une position oblique, à l'intersection d'une verticale descendant du crucifix suspendu dans le coin supérieur gauche et d'une diagonale traversant l'objet bizarre qui a l'air de flotter au-dessus du dallage, alors lui apparaît la figure d'une tête de mort dont les yeux caves sont dirigés vers lui, tandis que le reste du tableau s'évanouit" (165).

[58] Bien sûr, l'opposition de la vanité des sciences et la vérité de Dieu (traduite par la figure de la mort) relève d'un schéma plus vaste et plus ancien, inauguré au Moyen Âge avec le «Dit des trois vifs,» par exemple, se déchaînant ensuite avec les "danses des morts" qui a constamment plané autour des Vanités et des allégories de "l'inconstance du monde" (Baltrušaitis 101).

tout instant) par le foyer représentatif de l'abject.

Or, à la différence de la représentation picturale (optique?), l'anamorphose dramatique se constitue de façon non pas géométrique, à savoir dans la spatialité globalement perceptible en synchronie (l'anamorphose ne se redressant que quand elle est vue d'un angle oblique), mais plutôt à travers l'élucidation diachronique ou algébrique. Celle-ci s'effectue d'ailleurs de façon non plus continue mais "discrète" ou réitérative, ancrée finalement dans un univers discursif "à chaud" et appuyée par une série de relais métaphoriques. On peut voir, justement, la "dislocation" dont parle Baltrušaitis comme le principe générateur formel aussi bien que symbolique de l'oeuvre. Sur le plan formel, la réalisation "clignotante" de l'image anamorphique; sur le plan symbolique, le démembrement proprement dit du corps humain (et animal).

L'allusion du grand-père à l'eucharistie devient alors encore plus pertinente, surtout lorsqu'on la juxtapose au passage suivant:

> The specifically Christian archetype of metamorphic ritual is the mystery of transubstantiation or the sacrament of the Eucharist which, according to Freud, is a repetition of the original totemic feast on which civilisation is built, the slaying and the subsequent eating of the father. (Söderlind 1991, 30)[19]

Ainsi, toujours sous le régime de l'anamorphose, le thème de l'ingestion vient relayer, par un processus de mises en abyme, celui du démembrement. La "boule de nerfs qui souffrent" (le corps sans membres) est aussi une machine dévorante:

> *Le chien se remet à aboyer.*
>
> JAN Que c'est y'a, lui encore?
> PÈRE Y'est rendu fou le chien. Pus personne peut l'approcher. Y te saute à gorge, t'arracherait 'a face dans cinq secondes. J'sais pas pourquoi j'le garde. J'y amène des os pis d'la viande. Même là, y me grogne après. (19-20)

---

[19] La tragédie selon Jan Kott transposerait une telle ingestion cannibalistique pour y inclure le sacré.

Entre la violence et le dégoût, il devient impossible de s'approcher du chien. Intouchable et dangereux, il rejette la nourriture qu'on lui propose. Il est donc sacré (comme un sujet tragique) et abject.

Bien que visiblement ancrée dans un autre contexte, l'intervention de la mère et de Céline continue néanmoins le même leitmotiv reliant la chair et l'ingestion. La mère décrit comment le père, — humilié par son incapacité d'ouvrir une bouteille de vin lors d'un grand souper familial — finit par "garrocher" un rôti de boeuf de 8 livres au chien: "Pis j'exagère pas une miette. 8 lbs, 3/4, le rôti, y'était! Ça c'est sans compter les patates, les p'tits pois pis les carottes qui étaient dans le plat avec..." (20). De nouveau "la boule de nerfs qui souffre" (entendez à la fois le chien et le père) se révèle aussi une matière dévorante. Cependant, la même substance vivante est, par un jeu de réversibilité, susceptible d'être *dévorée à son tour*. En effet, plus tard, lors du récit de guerre du grand-père qui constitue aussi, d'ailleurs, un noeud symbolique de la pièce, le rapprochement entre le manger et la chair se serre davantage. C'est ici que l'instabilité de la frontière entre l'être humain et l'inhumain se dévoile, que l'abject exhibe ses traits monstrueux:

> Deux jours avant, y'en avait eu un [soldat qui avait craqué] qui était vite en batêche, un gars de Vankleek Hill, y v'nait de sauter la tranchée pis y criait: «Mon père est ben plus fort que le tien. Mon père assomme des boeufs avec son poing!» Y'a eu un sifflement, un éclair... quand j'me suis relevé la tête, y'avait un bout du p'tit gars à cinq pas de moé. J'saurais pas te dire quel boutte. J'ai vomi drette là tout c'que j'avais mangé, pis ceux-là qui s'étaient r'tenus, y'ont lâché le paquet quand c'te morceau-là s'est mis à gigoter à cause des nerfs. Finalement celui qui était le plus proche l'a piqué avec sa baïonnette, *comme si c'était un quartier de boeuf*, pis l'a relancé en dehors. C'était pas ben ben catholique mais on était tous contents qu'il l'ait faite. (25)[20]

Boeufs assommés et déchiquetés, vomissements, tranchées, boue — tout ce qui est

---

[20] Je souligne.

normalement séparé par des tabous culturels et religieux se mélange: les aliments au vomi, la force active à la mort, le quartier de viande au corps humain. Et toute cette mixture déchoit, se mélangeant avec la boue de la terre, suivant ainsi le mouvement vers le bas associé au carnavalesque, mais dépourvue ici de toute trace positive de renouvellement. Le "vite en batêche", sacre provocateur, précède de peu la dégradation et le geste profanateur "pas ben ben catholique" de sorte que le sacrifice et la boucherie se confondent.

En outre, le récit de guerre "héroïque", au lieu de se traduire en termes de défi, de dépassement de soi ou de luttes au nom d'une valeur supérieure, se décrit en termes de *gestes expéditifs* (prolepse, évidemment, de la double catastrophe) qui tentent de rétablir la séparation corps/non-corps. Du coup, le geste héroïque se place sous le signe de l'ambivalence.

Parallèlement, mais à un degré supérieur, le geste "héroïque" qui a valu au grand-père un trophée, un authentique fusil de fabrication allemande, pose lui aussi le problème de la fausse conscience et de l'ambivalence. Le fait de tuer un jeune Allemand paraît moins un acte de courage qu'un acte de lâcheté, voire de surenchère perverse:

> GRAND-PÈRE (...) t'à coup, j'entends un bruit à trois, quatre pieds de moi.(...) On se flairait l'un l'autre, pis on savait même pas si on était du même bord. J'avais juste envie d'y dire: «Même si t'es un Boche, OK on laisse faire?» Mais si y'en était un, j'étais faite.(...)
>
> GRAND-PÈRE Là, y'a eu plein de lumière t'à coup. Une fusée blanche envoyée par j'sais pas quel bord. Pis je l'ai vu. Encore plus jeune que moé, j'pense. Les yeux sortis de tête de peur. Pis y'était allemand. Pis c'est moé qui l'a eu en premier. Ç'a fait un gros trou noir.
>
> *Pause*
>
> GRAND-PÈRE J'ai aimé ça... «J't'ai eu, hein, mon câlice de Fritz?... J't'ai eu hein?» (26-27)

On voit ici comment l'association de l'abject tel que métaphorisé par le chien ("On se flairait") et le triomphant tel que renforcé par le sacre ("Je t'ai eu mon câlice de Fritz") finit par disloquer l'humain "normal" ("J'avais envie de dire, OK"). Dans le "trou noir" de la tranchée, où les frontières de la vie et de la mort se confondent, l'association de l'abject et du triomphant conduisent finalement au sadisme ("pis j'ai aimé ça").

Ainsi se répand une lumière ambivalente non pas seulement sur l'exploit et le mobile du grand-père, mais également sur l'assassinat du père aux mains du fils. Y aurait-il, dans le geste du fils, un soupçon de déraison qui suggérerait que sa lointaine compassion qui le pousse à achever l'homme comme le chien, ne serait que la décharge d'une cruauté congénitale?

On convient, en général, que la mort du héros tragique correspond à un processus d'expiation d'une faute et que ce dernier se sacrifie pour une nouvelle communauté à venir; il "fonde une loi nouvelle tout en obéissant à la loi ancienne" (Benjamin 115). Si le grand-père fonde une nouvelle communauté par le biais de la mort, il s'agit de la mort d'un autre (puisque c'est en tant que vétéran ayant accompli un coup d'éclat qu'il a reçu un lot de terre), d'un inconnu innocent, chez qui il ne saurait y avoir, bien entendu, expiation. Ainsi, le héros de ce récit de guerre fait entorse au champ notionnel de l'héroïsme en le replaçant dans l'ambivalence éthique.

Contrepartie de la "machine détraquée"[21] symbolisée par le chien, "l'héroïsme idéal" du fils en tant que vue "perpendiculaire" de la facture dramatique se constitue ici, ironiquement, selon la même logique à la fois fragmentaire et métonymique qui présidait à la violence fondatrice du grand-père. Par exemple, très tôt dans la pièce, le rôle de "tueur de dragons" est assigné au jeune Jan par une mère qui cherche à inculquer à son fils un modèle/projet en toute apparence impossible, mais qui pré-

---

[21] L'expression est de Joseph Gabel qui l'utilise dans le contexte du film "Le Dr Folamour" (Dr. Strangelove).

figure le conflit ultime et le traduit en une mythologie de conte de fée.[22]

> MÈRE (...) Quand y'était p'tit, j'y contais les histoires pis j'y disais: «Tu vois ce prince-là? C'est toé ça. C'est toé mon p'tit prince en or. Pis quand tu vas être grand, tu vas y aller en tuer des dragons pis des géants toé-tou.» (8-9)

Reprise à la fin du petit monologue, cette dernière phrase résonne comme les paroles d'une comptine pour enfants, comme l'espoir naïf qu'un héroïsme courtois, simple, puisse toujours éliminer les géants et les monstres.

Malheureusement, dans l'action effectivement mise en scène, l'acte meurtrier de Jan, comme celui du grand-père, a tout l'air de se forger davantage dans l'ambivalence que dans la défense inébranlable de valeurs absolues (ce qui comprend la polarisation du bien et du mal) et ne saurait donc s'inscrire dans l'*éthos* tragique. Dans le cas du chien, le geste du fils, quelque ambigu qu'il soit, correspond tout de même à un acte de *pitié*. Il s'agit d'une action contre la réification (liée à la dépersonnalisation du temps et de l'espace) et, surtout, contre l'abject, "surgissement massif et abrupt d'une étrangeté" (Kristeva 10) qui harcèle le sujet par sa familiarité répugnante.

Le chien apparaît donc à la fois comme le symbole de la "mort infestant la vie," ce qui représente le comble de l'abject) (Kristeva 11) et la clef de la perspective cachée de l'anamorphose. C'est à travers lui que la fragmentation, le détraquage de la machine, surgit en tant que poétique de l'abject. Au lieu de "prendre corps", en restituant une convergence des parties pour former un tout reconnaissable, l'anamorphose chez Dalpé "prend corps" dans le sens inverse, c'est-à-dire, se constitue par la dislocation des éléments du corps qui le rend méconnaissable. Les être vivants éclatent, renvoyés à la matière, comme le soldat canadien déchiqueté en "morceau de boeuf". Les décors "actuels" se fragmentent en collages de photos ou s'enfoncent

---

[22] Il n'est peut-être pas inutile de signaler combien l'univers imaginaire de la mère est meublé de personnages mythologiques populaires où Bugs Bunny côtoie Bob Hope et Victor Hugo ("J'le mangerais moé, Bugs Bunny. Si jamais tu y retournes, tu y diras à Bugs Bunny: «Ma mère, a'te mangerait toé!». (23)")

dans un trou de boue.

Toutefois c'est précisément du sein même de cette abjection anamorphique que se reconstitue un autre héroïsme, une tragédie autre, car c'est contre la dislocation radicale des corps, la dégradation vers la mort ignoble ("comme un chien") que lutte le héros. Même si le jeu est truqué. Même si lui aussi y est proie et objet tout autant que sujet selon un héritage de cruauté génétique. Car le "corps qui fait sens" (le sens dans le corps qui appelle le mystère) appartient à une époque révolue et le "corps vidé de sens" est éternel. Le conflit est donc perdu d'avance et le héros, menacé de dégradation continuelle lui aussi, doit essayer de restituer le sens, même quand le seul sens qui lui est disponible est le non-sens tragique qu'est la "mort vraie" ("faut l'tuer pour qu'y meure pour de vrai au moins" (33).[23]

A l'instar des personnages de l'"infra-tragédie" (chez Beckett et Ionesco, notamment), le personnage du père ici est dépourvu du pouvoir d'agir. Sa paralysie affective rappelle celle de Bérenger dès le début du <u>Piéton de l'air</u> d'Ionesco: "(...) je ne *peux* plus faire quelque chose, je veux guérir de la mort." (673). L'incapacité de vivre se retourne ainsi en incapacité de mourir, puisque l'être humain est déjà mort. Cependant, ce qui diffère ici de textes comme ceux de Beckett et d'Ionesco, c'est précisément le potentiel de guérison, même si la guérison elle-même est mortelle: le héros inflige la vraie mort pour mieux conjurer la fausse.

On pourrait sans doute dire que l'héroïsme, tel que problématisé ici, se redéfinit en termes plus proches de l'existentialisme que de la tragédie antique. Mais, on commettrait là une erreur fondamentale car, au lieu de s'inspirer d'un modèle européen moderne, Dalpé a réalisé l'émergence d'*un autre modèle* basé sur la conscience de la mémoire clignotante, le retour de la violence "dans le trou" et la symbolique animale "à la Dürer". Tous ces éléments participent, on l'a vu, à une technique représentative anamorphique, profondément ancrée dans un espace socialement et géographiquement spécifique et ce, dans sa *non-spécificité*. On se

---

[23] A cause des interventions précédentes, où il est question du père, il n'est pas clair si Jan parle du chien ou de son père ici.

trouve alors devant un pari paradoxal comme celui que propose d'ailleurs Dalpé lui-même dans ses poèmes. Après avoir impliqué "icitte c'est nulle part," il proclame au terme des <u>Murs de nos villages</u>, "icitte c'est chez nous" (42). Le résultat, c'est, finalement, la naissance d'une nouvelle ou plutôt une différente élaboration esthétique. Si l'on peut la comparer à l'existentialisme, elle résistera quand même à toute filiation directe imposée, car la tragédie de Dalpé récupère le mouvement de dégradation qui caractérise l'infra-tragédie, mais en le poussant à l'extrême. Elle restitue ainsi une tragédie de l'écoeurement, du sacré bas ("du chien"), où l'homogène exacerbé (le lieu où rien n'a lieu) devient le site même de l'hétérogène.

CHAPITRE CINQUIÈME

La lumière blanche

La lumière blanche (1989) de Pol Pelletier est une pièce surprenante, car la fondatrice du Théâtre Expérimental des Femmes à Montréal y met en scène ce qui est habituellement associé aux hommes, c'est-à-dire *le combat* — le corps à corps, la lutte physique qui à la fois unit et oppose les adversaires dans une étreinte modulée par la violence. Comme le proclame le personnage Torregrossa: "[G]agner ou perdre, là n'est pas la question. La question est... Je vous le donne en mille! (*un long temps de suspense.*) L'a-gres-si-vi-té!" (26).

Et c'est précisément cette pulsion que Pelletier va essayer de cultiver, d'abord par des luttes corporelles entre les trois personnages féminins, et ensuite par des procès où chacune met sa vie et son être en accusation devant les deux autres dans une tentative d'expier, voire de liquider un passé encombrant. De cette manière, le combat physique enchaîne sur un combat d'ordre discursif et les deux types de confrontation constituent à leur tour des rites qui permettent aux participantes de passer à un autre stade de connaissance. Mais la relation physique se module aussi autrement, à partir du corps féminin.

On serait donc autorisé à dire que la pièce entière repose sur la très ancienne dynamique qui, en grec, s'appelle l'*agôn* — le jeu de lutte — et qui, par ailleurs, se trouve au coeur de toute la dramaturgie grecque, comédies aussi bien que tragédies. Ici, il s'agit d'une tragédie, nommée ainsi par la dramaturge elle-même (116), et cette catégorisation générique est extrêmement importante. Elle fait intervenir, forcément, la notion de l'héroïsme, l'idée d'un dépassement ou, au dire d'un des personnages de la pièce: "le choix du plus dur que soi, le choix du plus grand que soi"! (21).

Mais du moment où l'on appelle une pièce féministe "tragédie," on soulève *ipso facto* une question fondamentale, à savoir: existe-t-il un modèle tragique au féminin? Si oui, comment le caractériser? Pelletier elle-même est consciente du défi: "J'ai choisi d'écrire une tragédie, c'est clair. La première tragédie peut-être qui soit spécifiquement fondée sur l'histoire et la réalité des femmes. (...) Mais aussi, j'ai voulu écrire une tragédie moderne, vue par une femme, ce qui, je pense, fait une énorme différence " (note de l'auteure 116-117).

Depuis Aristote et sa <u>Poétique</u>, la pièce de Sophocle, Œdipe Roi, constitue le prototype tragique par excellence. Cependant ce modèle est éminemment masculin. D'ailleurs certains critiques, dont John Winkler et Linda Kintz, postulent que c'est l'entraînement militaire et politique des jeunes gens, et *non pas* la célébration de Dionysos, qui est à la source de la tragédie grecque:

> (...) it is important to underscore the fact that the *toto caelo* difference we experience between the military realm and the theatrical, between marching to war and going to a play, did not apply to the City Dionysia. (Winkler 31-32)

La tragédie antique dériverait donc d'une initiation ritualisée d' *ephebate*, le groupe de jeunes citoyens qui prend part à l'entraînement militaire et civique.[24] L'agencement même du choeur suivrait une logique didactique; le choeur (les *éphèbes*) demeurait au centre, sous l'oeil attentif des trois protagonistes, toujours d'âge mûr. Ainsi disposés, les éphèbes contemplaient la leçon de la tragédie à partir d'un "centre immobile" (*still centre*). Il sont, comme l'auditoire lui-même, en situation de surveillance.

Par ailleurs la formation et les mouvements des membres du choeur seraient en fait très proches des exercices des fantassins grecs: "the tragic chorus' formation

---

[24]Dans le contexte de la tragédie grecque, ""la femme tragique" remarque Claire Nancy, sonne d'abord comme un oxymore." (141) La tragédie était une véritable institution civique, un "genre mimétique par excellence où la cité se donne sa propre représentation" (141) et la cité (la *polis*), on le sait, était construite sur l'exclusion radicale du féminin.

and movements were homologous to (or aesthetic refinements of) the hoplite drill" (Winkler 45).

Que cette théorie soit recevable ou non, on conviendra qu'Œdipe appartient à une tradition *masculine* du tragique. Après tout, c'est la confusion des rôles mari-fils qui fait basculer Thèbes dans un chaos pestilentiel. En outre, au coeur de cette production dramatique, qui serait l'exemple le plus parfait de la tragédie, se trouvent les structures initiatiques masculines, dont la rencontre avec une créature mythologique femelle (sorcière ou sphinge, qu'importe) et la subséquente intériorisation du tabou du parricide et de l'inceste avec la mère.[25]

Selon Kintz, la fable d'Œdipe est, à double titre, emblématique: l'homme y est associé à la subjectivité, l'activité et la force, tandis que la femme y est liée à l'objectivité et la passivité: "she is constructed as a matter or a medium" (6). Sans vouloir entrer ici dans une étude plus approfondie de la pièce de Sophocle, il devrait être déjà clair que le modèle fourni par Aristote est inadéquat pour représenter le sujet féminin agissant dans un contexte héroïque.[26]

On pourrait également chercher un modèle au féminin chez Electre et Antigone, mais chacune de ces illustres personnages agit en fonction d'un homme (que ce soit le père, dans le cas d'Electre ou le frère, dans le cas d'Antigone). Ce sont des justicières, mais à condition d'être ancrées dans une symbolique avant tout masculine; leur moralité demeure fondée dans la Maison du père (pour emprunter les

---

[25] Il est à noter, cependant, que si le meurtre de la sphinge se produit dans *Œdipe roi*, il se produit d'une façon irrégulière par rapport à ce que Jean-Joseph Goux appelle le "monomythe d'investiture royale", si bien que le récit d'*Œdipe roi* serait non pas le récit exemplaire de la séquence mythique mais plutôt l'*anomalie* qui confirme la règle: "Ce n'est pas le parricide, mais le "matricide" qui est au coeur du mythe héroïque, dans sa forme typique et universelle. Le héros qui deviendra roi est celui qui tue, en combat sanglant, *la* dragonne, *la* serpente, la monstruosité *femelle*. Par ce meurtre dangereux du féminin sombre, il délivre la fiancée. Comparé à ce mythe-type, attesté partout, et que nous nommerons le monomythe, l'histoire d'Œdipe est un mythe aberrant, obtenu par dérèglement de cette forme narrative initiale" (8). Il est alors intéressant de comparer le "matricide" chez Pelletier à celui qui caractériserait le monomythe et de voir ainsi la structure de <u>La lumière blanche</u> comme une récupération d'un courant autre qui aurait *précédé*, en fait le mythe d'Œdipe.

[26] Pour une analyse détaillée de la pièce de Sophocle, voir l'excellent livre de Jean-Joseph Goux intitulé <u>Œdipe philosophe</u> publié en 1990 aux Éditions Aubier.

termes de Patricia Smart). Là encore, le schéma des pièces grecques semble inopérant dans un contexte de subjectivité féminine.

Cependant, il existe un modèle tragique susceptible d'informer une tragédie au féminin, et justement, Pelletier est innovatrice dans la mesure où elle propose et explore cet autre modèle. Celui-ci est aussi ancien, sinon plus ancien, que le modèle de Sophocle mais, moins hiérarchique dans sa nature et dans sa configuration, il est susceptible de véhiculer une autre esthétique, voire d'autres esthétiques à la fois plus contemporaines et plus hétérogènes. La structure dont je parle est celle du conte, que l'on peut sans doute considérer comme une forme d'épopée "démultipliée".[27] Il s'agit d'un modèle à caractère rhizomatique qui, à la différence du schéma tragique traditionnel qui fonctionne en termes d'unité et de finitude, joue sur un principe de multiplication et de dissémination. On peut y accroître ou diminuer le nombre de séquences ou d'exploits sans pour autant nuire à l'intégrité de l'oeuvre. Tel le rhizome, cette oeuvre se propage de manière adventive, c'est-à-dire sans succession directe et par tous ses points. Il est possible, alors, de couper un morceau ou un épisode épique sans pour autant détruire les autres parties.

Par contre, le modèle arborescent promu par Aristote est basé sur un principe de nécessité, fil, filament ou *filiation* de nécessité, qui rattache et détermine toutes les parties organiques de l'oeuvre. La fin est programmée *dans* et *par* cette logique.

En revanche, à la manière des contes des <u>Mille et une nuits</u>, les "micro-récits" offrent la possibilité d'un enchaînement indéfini. De là leur ultime pouvoir de résistance — la capacité en puissance de prolonger *ad infinitum* la parole de la conteuse. Dans le système narratif où parole égale vie, grands sont les enjeux d'une telle organisation. Cependant, il existe, chez Pelletier, un autre système qui vient se

---

[27]La parenté entre conte et épopée est rendue explicite par Françoise Proust dans <u>Point de passage</u>: "Le conte est oriental: contes des *Mille et une nuits*. Ses héros se nomment Schéhérazade ou Saladin. Quand le héros oriental franchit le seuil de l'Occident et parvient en Grèce, il change de nom et se nomme Ulysse (...)."(85) Quant au lien qui existe entre la tragédie et l'épopée, Aristote a bien insisté sur le fait que les éléments qui constituent l'épopée se trouvent aussi dans la tragédie. Ils sont néanmoins distincts en vertu d'un élément fondamental qui permet de caractériser la tragédie par rapport à l'épopée. Il s'agit, bien entendu de l'effet d'épuration, qu'il est convenu d'appeler la *catharsis*.

greffer, plus ou moins verticalement, à la structure syntagmatique ou horizontale du conte ou à l'"épopée globalisante" et qui fonctionne, *grosso modo*, selon un principe de *disjonction*. Ce système ou modèle est celui de l'allégorie.

Or, l'hybridisation de l'allégorie avec le conte ne se réalise pas, ici, sans l'inscription de l'histoire. Celle-ci, conçue à la fois comme une temporalité séculaire et quotidienne, pénètre les deux modèles génériques et y fait brèche, opérant, du coup, dans le territoire textuel du mythe, une *désacralisation foncière*. Enfin, pour des raisons qui deviendront plus claires, j'appellerai *intelligence* cette perturbation maintenue, cette impossible laïcisation du sacré.

ANTÉCÉDENTS

En général, les premières tragédies québécoises écrites par des femmes respectaient de façon rigoureuse la forme préconisée par Aristote et canonisée par l'abbé d'Aubignac au XVIIe siècle avec la fameuse "règle des trois unités": unité de temps, unité de lieu, unité d'action. Cette adhésion aux paramètres néo-classiques a donné des pièces plutôt austères et simples de facture, comme L'exécution (1968) de Marie-Claire Blais, Un reel, ben beau, ben triste (première édition 1980), de Jeanne Mance Delisle, et L'homme gris (1986) de Marie Laberge. Dans le premier exemple, il s'agit d'une curieuse histoire de manipulation diabolique qui a lieu dans une école privée pour garçons, donc sans sujet féminin. Dans les autres, il s'agit surtout de deux méditations différentes sur le victimaire où la femme ou la fille se trouvent en situation d'oppression au sein de la famille et terrorisées par ses membres mâles, allégorisations sans doute d'une oppression chronique à l'échelle de la société.

Or, ces dynamiques, si pathétiques soient-elles, n'avaient pas encore abouti à une problématisation de la responsabilité qui aurait permis de renouer avec une vision féminine tragique. À la différence du pathétique, le tragique s'accuse dans l'ambigu (l'innocence dans la culpabilité) et dans la prise de conscience aiguë de la défaillance humaine qui accompagne tout geste héroïque. Dans la tragédie, la fatalité colle à la peau de l'héroïne, lui conférant tout son sens au moment de sa mort. Elle est indissociable de sa conscience. Envers et conséquence directe de l'*hamartia*, ou de l'erreur tragique, la fatalité ne fait, paradoxalement, que rehausser ce même héroïsme.

Dans la perspective de pièces comme Aurore, l'enfant martyre, il est sans doute possible de soutenir l'hypothèse que la tragédie féminine se caractérise justement par un pathétique indissociable de celui du mélodrame. Mais dans le contexte de la tragédie au féminin, je préfère interroger le pathétique à la lumière de la contradiction et de la transcendance — deux éléments que l'on situe traditionnellement au centre du tragique et qui, en dépit de leur pérennité, ne cessent de fasciner l'imaginaire occidental.[28]

Mais, avant d'aller plus loin dans la considération des implications de la pièce pour la condition féminine et la forme tragique, il convient de décrire La lumière blanche dans ses grandes lignes. Il s'agit de trois personnages, tous âgés de 33 ans: une guerrière, "Torregrossa"; une femme célibataire, "B.C. Magruge"; et une femme enceinte puis parturiente, "Leude". Ainsi, Pelletier reproduit-elle la structure trinitaire utilisée dans À ma mère, à ma mère, à ma mère, à ma voisine mais en nuançant et fictionnalisant davantage les personnages.[29]

C'est Torregrossa, guerrière polyglotte d'une laideur mythique, qui convoque par un écrit mystérieux les deux autres à l'aire du jeu, c'est-à-dire le Désert de la Grande Limite. B.C. Magruge est belle, habillée "d'une manière très seyante quoique d'assez mauvais goût (...). Elle porte un gros sac, rempli de fichus, d'objets de toilette, de nourriture... ainsi qu'une ombrelle" (13). B.C. Magruge en vient à incarner la consommatrice par excellence, autant du manger que du prêt-à-porter. Sa beauté est exigeante, affamée, demandant à être nourrie sans cesse. Mais B.C. Magruge n'est pas non plus superficielle. Douée d'une très grande force éthique, elle joue de sa

---

[28] Le rôle de la tragédie n'est pas de résoudre les contradictions mais de "les porter à l'incandescence" (Domenach 193).

[29] Il s'agit, dans le cas de A ma mère... d'une création collective.

sincérité comme d'une arme contre l'hypocrisie.

Leude, elle, est la jeune mère contemporaine, prise comme une funambule entre une maternité joyeuse et libératrice et une maternité grinçante et oppressive, parfois vécue comme une folie dévoratrice et interstitielle qui surgit dans l'espace séparant paroles et gestes. Par exemple, après avoir dit très calmement qu'elle est trop bien élevée pour crier, elle arrache une des poupées-bébés accrochées à son vêtement et la mord à belles dents avant de continuer son discours sur le même ton raisonnable (64).

Torregrossa, vêtue d'un habit volumineux et barbare, porte une bouteille et un crâne attachés à sa ceinture. C'est elle qui organise le conflit, qui manipule, qui dirige la mise en scène. Elle est à la fois très physique et très cérébrale: "Je suis laide comme un péché mortel, dit-elle, mais je suis très intelligente" (84). La laideur devient alors la représentation physique — la physionomie — de la transgression qui se dessine sur le corps de la femme mais qui, toutefois, et selon une logique obscure, est liée à l'intelligence.

Le discours de ce personnage, ponctué à l'occasion de pas de danse et de sons-chants-cris du genre flamenco, rend plus ou moins explicite cette relation causale devant le tribunal:

> La beauté, la laideur, la maternité, toutes les femmes de la terre en rond, ça tourne, ça tourne avec l'obsession, les trois mêmes obsessions. Parfois certaines pensent à l'intelligence, au pouvoir, à l'ambition. Mais celles qui pensent à ces choses dangereuses et acérées meurent ou se suicident ou disparaissent mystérieusement ou deviennent alcooliques ou droguées ou folles ou mutilées (...).
> (96)

D'ailleurs ce discours prend tout son relief dans son contexte qui marque, d'une ironie poignante, le moment même de son propre suicide.

Quant à la structure elle-même de la pièce, il s'agit d'une série de dix-huit tableaux, chacun ayant sa propre constellation de personnages et de répliques, ce qui n'exclut pas cependant une certaine continuité diégétique entre des groupes de scènes. Par exemple, la séquence du combat physique s'étend entre la scène 4 et la scène 8. Les plaidoiries que chacune présente à tour de rôle devant les deux autres s'échelonnent sur les dix autres scènes avec, cependant, une rupture de la scène 10 à la scène 12. C'est pendant ce hiatus que Leude accouche hors scène et que Torregrossa et B.C. Magruge rencontrent Griselle la chamelle, mère-demiurge qui avait créé le désert. A la fin de cet interlude, Torregrossa et B.C. Magruge deviennent amantes.

La fin de la pièce n'est que provisoire dans le sens où la dramaturge propose trois versions possibles du dénouement, ou plutôt trois variations qui se terminent néanmoins toutes avec l'arrivée du Quetzal, la serpente à plumes incandescente qui leur montre le chemin vers la lumière blanche. Dénouement curieux puisque la catastrophe en tant que telle survient à la scène précédente, après la plaidoirie de Torregrossa dans laquelle elle s'enfonce un couteau dans le ventre et ordonne "[q]u'on lui arrache les yeux" (96), verdict proposé contre elle-même.

Cela dit, le moment de la mort de Torregrossa survient sans grand fracas. C'est d'ailleurs en partie en raison de l'absence de catastrophe (la mort même de Torregrossa fait problème) et de résolution que ce texte complexe se démarque par rapport à la tragédie traditionnelle. Mais l'inéluctable arrive peut-être au moment où B.C. Magruge fait le geste, très doucement, d'arracher les yeux de Torregrossa, après quoi elle berce son amante sans sembler tenir compte de la mort de celle-ci. L'une demeure allongée sur l'autre, reproduisant avec leurs corps de femmes la Pietà. Quant au symbolisme des yeux crevés, il n'évoque <u>Œdipe roi</u> qu'afin de mieux la répudier.

Cette "fin" qui n'en est pas une, potentiellement multiple et dénuée de terreur, va à l'encontre de la fin tragique traditionnelle qui, pour Pelletier, est rébarbative:

> Pourquoi une tragédie efficace doit-elle se terminer par la mort du "héros" suivie de quelques répliques où l'ami du héros le porte en terre? Et on pleure, et c'est fini: on reste avec l'image du grand homme, le phare

> qui nous a quittés? C'est trop monolithique pour moi.
> J'aime le multiforme et les contradictions. (117)

Et en effet, la fin ici est ouverte puisque les héroïnes continuent, sans aucun retour à l'ordre. Au lieu d'enterrer le corps de Torregrossa, de le fixer dans une immobilité définitive, les deux autres protagonistes le portent vers la lumière, son décès prenant ainsi le sens d'une transsubstantiation: le corps laid de la guerrière troqué contre le corps diaphane, presque sublimé, de la serpente à plumes (oiseau phénix).

Mais revenons un instant à la question des personnages. Pelletier aurait pu les nommer — à la manière des allégoristes médiévaux — "Beauté, intelligence, et maternité", car ce ne sont pas tant les psychologies individuelles qui l'intéressent que les rôles. Pourtant les rôles ne sont jamais stables,[30] toujours en porte à faux, rappelant cette éternelle disjonction qui demeure au coeur de l'allégorie et qui peut être saisie comme un rapprochement infini et infime mais toujours et nécessairement imparfait, c'est-à-dire non-coïncidence entre le concept abstrait et sa représentation matérielle ou corporelle.[31] Il y a toujours déjà décalage de l'un par rapport à l'autre et c'est précisément dans l'espace de cette rupture que Pelletier fait évoluer ses personnages.

Toutefois, si la disjonction au coeur de l'allégorie tient du simple fait qu'elle dit une chose tout en signifiant une autre, il est possible d'articuler la disjonction en termes de temporalité. D'ailleurs, pour Paul de Man, ce sont les considérations temporelles qui permettent de départager l'allégorie du symbole et qui marquent la supériorité de l'allégorie précisément parce qu'elle "désigne une distance par rapport à sa propre origine et que, renonçant à la nostalgie et au désir de coïncider, elle établit

---

[30] Par exemple, au cours de la pièce Leude, une femme enceinte, belle et confiante, se transforme en une mère "échevelée, maganée, traquée" (59). Ses transformations sont peut-être les plus prononcées des trois.

[31] En ce sens, l'allégorie est inassimilable à l'essence. En fait, il s'agit moins d'une essence que d'une suppléance, ce qui tient la place de l'essence: "L'image, dans le contexte de l'allégorie, n'est qu'un signe, un monogramme de l'essence, et non l'essence voilée" (Benjamin 231)

son discours dans le vide de cette différence temporelle" (191).³²

Sans doute l'allégorie est-elle vue comme une rhétorique de la temporalité parce que l'allégorie renvoie nécessairement à un signe préexistant. Dans une perspective conservatrice, il n'y aurait là qu'un mouvement de pure antériorité.³³ Pour Walter Benjamin, toutefois, ce mouvement d'antériorité est lié à la fois à l'érosion et à la notion de "transcience":

> La physiognomie allégorique de l'histoire-nature, que le Trauerspiel met en scène, est vraiment présente comme ruine. Avec elle, l'histoire s'est retirée sur le théâtre de manière sensible. Et dans cette forme, l'histoire n'est pas modelée, figurée comme le processus d'une vie éternelle, mais bien plutôt comme celui d'un déclin inéluctable. Ainsi l'allégorie reconnaît-elle qu'elle est au-delà de la beauté. Les allégories sont au domaine de la pensée ce que les ruines sont au domaine des choses. (190-191)

Benjamin ouvre ainsi l'allégorie aux intempéries de l'histoire, donc vers le changement et l'avenir, à travers la décomposition hégémonique. Les allégories-ruines s'avèrent dès lors résolument inscrites dans le courant de l'histoire, à la différence de l'allégorie élaborée par les théologiens médiévaux qui, en dépassant la singularité de l'événement et du sentiment, s'opposait foncièrement à la pensée historique (Poirion 803). Chez Pelletier le mode allégorique conserve néanmoins les traces théologiques de cette forme médiévale, aboutissant ainsi à une tension ou plutôt à un brouillage entre l'allégorie-histoire et l'allégorie chrétienne.

Le vide de la différence temporelle dont parle de Man est métaphorisé et

---

³²Passage traduit et cité dans Vandendorpe (14).

³³Cf. l'article de Stephen Slemon intitulé "Post-Colonial Allegory and the Transformation of History" qui traite de l'idée de l'allégorie et de la *conservation* qui passe par les marques plastiques du pouvoir dans le domaine post-colonial.

spatialisé sous forme de désert,[34] défini néanmoins par un va-et-vient continuel entre le *hic et nunc* et autre chose, c'est-à-dire entre l'immédiat auto-réflexif (métathéâtral), un passé mythique (donc a-topique), le continuum particulier du moi, et l'histoire. Le continuum personnel se love d'ailleurs dans les contingences sociales spécifiquement québécoises (témoin la plaidoirie de la mère célibataire). Rappelons que l'allégorie est en général liée à un paradigme pré-existant qui lie le concret et le spécifique à l'abstrait et l'universel, donc à un phénomène an-historique. Ironiquement, c'est précisément *grâce* au paradigme allégorique que Pelletier arrive à faire bouger les catégories de l'histoire, en introduisant justement dans le "concret et le spécifique" l'abstrait et l'universel, selon une dynamique que Françoise Proust nomme la "pensée historique":

> (...) cette pensée de l'histoire (ou pensée du sauvetage) mobilise les catégories du temps et de l'éternité, mais il s'agit précisément de *faire entrer l'éternité dans l'histoire* (et du même coup faire éclater les deux), et non pas d'aménager, hors de l'histoire, un espace pour l'éternité. (96)

De même que le temps mythique — le temps de Déméter et d'Artémis, (41) par exemple — se trouve injecté dans une réalité contemporaine et sociale féminine, de même l'allégorie, associée à un jeu de ressemblances immuables, se trouve insérée *dans* le cours de l'histoire, et par ce même mouvement, exposée aux ravages du temps.

Cependant, l'inscription dans la différence temporelle n'hypostasie pas pour autant les aspects profondément *théologiques* associés au dispositif allégorique. D'ailleurs, La lumière blanche accorde une place de choix à la configuration trinitaire, conférant ainsi à la pièce un symbolisme religieux appuyé, renforcé davantage par l'âge des trois personnages, trente-trois ans, l'âge du Christ au moment de la Passion.

---

[34] Au dire de Torregrossa, il s'agit d'un "néant blanc où [l]es filles pourraient enfin s'insérer" (55). Dans une autre optique, le désert rappelle non seulement l'univers beckettien — "Je reste. *There is no fucking other place to go*"(53) (Torregrossa) — mais aussi le "non-lieu" dont parle Lucie Robert et auquel les normes masculines renvoient le féminin (84).

Insistons sur ce point: le paradigme trinitaire constitue une structure récurrente, au point d'être quasi-obsessionnelle, dans le répertoire dramatique au féminin. Dans Les fées ont soif de Denise Boucher, il est question de la Vierge, la Prostituée et la Mère de famille. Dans la production collective À ma mère, à ma mère à ma mère, à ma voisine de Dominique Gagnon, Louise Laprade, Nicole Lecavalier et Pol Pelletier, il est question de la Reine-mère, sa Fille et la Folle. Dans cette pièce antérieure à La lumière blanche, les trois personnages se positionnent d'ailleurs en contrepoint à la trinité chrétienne et masculine:

> C'est en réfléchissant au chiffre 3 par exemple (nous étions trois comédiennes), qu'on est arrivées au thème des trios patriarcaux: Dieu le Père, le fils et le Saint-Esprit qu'on a féminisé en la Mère, la fille et l'oiseau noir (le thème de la sorcière, de la maléfique, de la marginale). Ce trio n'a pas été utilisé directement dans le spectacle, mais il y en a un autre qui l'a été: celui du Roi, du fils et du fou du roi (tel qu'on le retrouve dans les pièces de Shakespeare). C'est ce thème qui a abouti à la scène de la Reine-mère, la fille et la «folle». ("Notes sur la création du spectacle" 55).

La triade revient également dans la dramaturgie de Michel Tremblay, qu'on peut considérer comme une production théâtrale non pas *au* féminin, mais plutôt *du* féminin. Dans Damnée Manon, sacrée Sandra, par exemple, une commutation de codes s'effectue entre les trois pôles/personas, mais, pour l'essentiel, les bases virtuelles demeurent: la Vierge/religieuse; la Prostituée, et le Père/Mère (démiurge-dramaturge).

Néanmoins, les dimensions religieuses associées au mode allégorique dépassent les spécificités québécoises ou féministes pour englober l'allégorie en tant que forme, quel que soit son sujet apparent. Comme C.S. Lewis l'a noté: "it would appear that all allegories whatever are likely to seem Catholic to the general reader, and this phenomenon is worth investigation" (Allegory of Love 322). Angus Fletcher, pour sa part, constate que les diverses analogies qui peuvent être établies entre les phénomènes religieux, littéraire et psychanalytique convergent dans l'allégorie:

> (...) all point to the oldest idea about allegory, that it is a human reconstruction of divinely inspired messages, a revealed transcendental language which tries to preserve the remoteness of a properly veiled godhead. (21)

En effet, il y a lieu de s'interroger ici sur le capital transcendental inhérent à l'allégorie, et qui s'élabore à la croisée des opérations de signification et de déchiffrage. Chez Walter Benjamin, qui lui aussi associe la dissimulation à la transcendance, l'allégorie constitue une stratégie associée au rébus et aux hiéroglyphes.[35] Toutes sont des stragégies qui véhiculent le désir de "maintenir [le] caractère sacral" de l'écriture (188) et donc qui sont assujetties au conflit[36] entre "sa valeur sacrée et la nécessité profane d'être comprise" (188).[37] L'intelligibilité se trouve donc du côté du profane.

Si B.C. Magruge et Torregrossa se heurtent violemment à un mur qui "se dresse grotesquement en plein milieu du désert" (56), c'est qu'elles ont buté physiquement (et métaphoriquement) sur le caractère sacré des hiéroglyphes anciens qui y sont gravés, reproduisant ainsi par leurs corps mêmes le conflit entre l'accessible et l'inaccessible. Elles s'y heurtent, s'y frottent, le contemplent, mais ni le contact physique ni le contact visuel ne leur assurent l'intelligibilité. Elles avouent n'y rien comprendre.

Néanmoins, le heurt contre le mur représente une étape fondamentale dans leur quête, se présentant moins comme une impasse qu'un aboutissement, car ce n'est qu'en refaisant le trajet de leur mère, "retrouvant chaque creux, chaque vide, chaque

---

[35] Telle est aussi l'acception de l'allégorie retenue par Söderlind (37).

[36] Ceci évoque la position de Lionel Abel qui discerne une relation indissociable entre l'élément sacré d'une pièce et sa structure: "What makes most plays bad is the fact that the playwright does not genuinely feel as sacred the particular value or experience which he [sic] pretends to regard for the sake of the play's structure. For actually, the question of sacredness is intimately linked to the very form of the play" (127).

[37] "Will die Schrift sich ihres sakralen Charakters versichern — immer vieder wird der Konflikt von sakraler Geltung und profaner Verständlichkeit sie betreffen —, so drängt sie zu Komplexen, zur Hieroglyphik." (194)

absence" (56), qu'elles y arrivent. Dans ce sens, le mur se dresse au terme d'un trajet maternel débouchant sur le sacré. Mais c'est aussi la découverte d'un autre système signifiant associé au maternel (ou, peut-être, à la "chora" dans le sens kristévien). Cet autre système signifiant, cette poétique autre, rappelle la "communication transverbale" esquissée par Kristeva dans son essai "Stabat Mater" et qui réconcilie la production du sens au niveau du corporel à celle du niveau du symbolique:

> Ambition inconcevable que cette aspiration à la singularité, non naturelle, en ce sens inhumaine, et que la rage éprise d'Unicité («Il n'y a qu'Une femme») ne peut que récuser en la condamnant «masculine»... Dans cette étrange balançoire féminine qui «me» fait basculer de la communauté innommable des femmes à la guerre des singularités individuelles, il est troublant de dire «je». Les langues des grandes civilisations matrilinéaires doivent éviter, évitent les pronoms personnels: elles laissent au contexte la charge de distinguer les protagonistes, et se réfugient dans les tons pour retrouver une correspondance sous-marine, trans-verbale des corps. (244)

De ce passage remarquable, trois points se révèleront particulièrement pertinents: l'emprise et la rupture d'avec la singularité mariale qui ne se restreignent pas à l'imaginaire québécois, l'absence de pronoms personnels associée à une communauté de femmes, et finalement la question de la sémiose ou de la "communication transverbale" au féminin dans le contexte d'une civilisation matriarcale.

Considérons d'abord la Vierge, cette figure qui, en conjuguant si miraculeusement en une seule figure maternité, virginité et sainteté, fournit à l'Église catholique sa plus importante dimension féminine (et un de ses plus grands paradoxes aussi).

Dans le contexte du théâtre québécois, l'esthétique mariale se manifeste sous la forme d'une iconographie particulière, soumise à son tour à un véritable processus d'excavation. On y opère la déconstruction, strate par strate, des icônes de la Vierge, devenues froides et aliénantes au cours des derniers siècles, au profit d'une version sexuée (anthropologique au fond) et donc, par définition, *laïcisée*. Dans Les fées ont soif (1978) de Boucher, ce type de démystification passe par une violence iconoclaste jusqu'alors inconnue au Québec, ce qui ne manqua pas de provoquer un tollé général contre la représentation et plusieurs tentatives pour la censurer.

Mais l'anéantissement scénique de la Sainte Vierge, déjà enclenché plus tôt par La nef des sorcières[38], se poursuivait sur les tréteaux du théâtre féministe au Québec, comme en témoigne À ma mère, à ma mère, à ma mère, à ma voisine mentionné plus tôt. Chez Tremblay aussi, la prostituée-travestie devenue Vierge qu'est Sandra a un effet dévastateur sur l'iconographie mariale traditionnelle.

Dans le cas de La lumière blanche, il est possible de voir une disjonction des qualités de la Sainte Vierge — maternité, virginité et sainteté — et leur subséquente modification et redistribution chez les trois personnages. Ainsi Leude incarnera la maternité, B.C. Magruge la virginité (associée à une forme de naïveté et de pureté d'âme) et Torregrossa la sainteté (associée à une espèce de grandeur mystique). Dans le cas des deux dernières, on peut également constater un phénomène de jumelage de codes allégoriques, de sorte que la beauté devient beauté-virginité et l'intelligence se sacralise (ou plutôt que le sacré affleure le profane en se conjuguant avec l'intelligence) pour donner l'intelligence-sainteté. Dans ce sens, le trait "intelligence" est doublement significatif: à la fois comme désignation d'un être spirituel (donc *opposé* à la matière, et au corps)[39] d'abord, puis comme la faculté d'entendement que Benjamin, on l'a vu, associe au profane.

Or, l'incidence de la mention même d "intelligente" remonte à la tragédie grecque où, en dépit du caractère masculin du genre, des "oxymores" ou des transgressions génériques s'accusent à l'intérieur même du corpus. Celles-ci sont finement repérées par Claire Nancy qui explique comment Euripide, par opposition à Sophocle

---

[38]"Même l'Église, (comme on est encore au Moyen Âge)/ Même l'Église nous traitait d'impures et nous interdisait d'entrer dans son temple, à chaque lune,/ comme si notre sang allait faire pâlir celui du Christ" (22) ou encore: "Je suis la Fécondité./Je suis le Flambeau./ Je suis la Pietà.../c'est moi qui tiens l'homme sur mes genoux.../(...)/Je suis l'Apothéose" (27).

[39]"Dieu, souveraine intelligence" (Le petit robert 1017).

et Eschyle,

> met en scène non seulement, comme le lui reprochait Aristophane, des *pornai* et des *sophai*, des débauchées et des intellectuelles, mais — pire encore — cette créature inouïe qu'est la *pornè sophè*: la débauchée intellectuelle. (154)

Cet "être féminin impensable par excellence," c'est, notamment, Mélanippe la Philosophe et héroïne d'une trilogie perdue dont seuls des fragments nous restent. C'est également Phèdre, héroïne qui pervertit le *logos* en le faisant basculer dans la fiction[40] et, enfin, les Phéniciennes, cortège de Dionysos, dieu de la fête, du délire et de la musique.

Mais c'est une déclaration de la bouche de Mélanippe (fille-mère engrossée par Poséidon, et mère de deux bâtards) qui est tout à fait étonnante dans le contexte de notre analyse ("Moi, je suis une femme, et l'intelligence m'habite" (Nancy 155)). Du coup, Mélanippe révèle sa descendance. Ne serait-elle pas l'"arch-aïeule" (hétérosexuelle) de Torregrossa, la débauchée (lesbienne) intellectuelle?

Malheureusement, si la tragédie non-orthodoxe d'Euripide donne à entendre la voix des femmes athéniennes dans une percée fulgurante, cette voix est occultée à la fin par l'affrontement sanglant du dionysien (lié au culte des femmes) et de la cité, et qui se termine, dans <u>Les bacchantes</u>, en carnage:

> Penthée est dépecé, mais les mères, redevenues sauvages de n'avoir pas trouvé de place dans la cité, font régner la terreur, manoeuvrées par Dionysos. Il ne reste qu'une infinie pitié, indifférenciée.
> La tragédie a perdu, la tragédie a gagné. Elle a perdu ce qu'elle a sans relâche tenté: sauver la cité en la confrontant à son autre. (Nancy 164)

La généalogie de Torregrossa s'ensevelit brutalement alors sous la cité athénienne, et n'existe que par fragments, par "phrases tronquées" devenues quasi-

---

[40]Elle se suicide en attachant à son poignet une tablette sur laquelle est inscrite la fausse dénonciation d'Hippolyte.

illisibles avec le temps (des ruines d'aspect allégorique).

Pour ce qui est de "l'Histoire" des Femmes, la continuité des structures est donc occultée. Voilà pourquoi, pour renouer avec les propos de Kristeva, l'intelligence doit relever avant et surtout du travail de signification et, parallèlement, de communication. Le projet de Torregrossa offre cependant un modèle pour la lecture féministe de toute la pièce. L'intelligence dans ce contexte déborde la seule capacité d'intellection (cantonnée dans le singulier) pour signifier une compétence herméneutique de déchiffrement (modalisé nécessairement par le pluriel) qui débouche sur l'existence d'une communauté.

Premièrement, l'intelligence relève de l'échange de messages, du tissage de codes qui, en s'effectuant sur le plan illocutoire instaurent en même temps un potentiel de complicité. Après tout, celle qui représente la laideur (entendez l'intelligence) est la même qui pousse les autres à *se dire* devant le tribunal, c'est-à-dire à *assumer* la parole dans le sens plein de *verbe*. Deuxièmement, l'intelligence remonte au très ancien péché de *connaissance*,[41] qui implique, bien entendu, le potentiel d'interrogation et, par conséquent, la découverte interdite, puisque *autonome*, des secrets de la nature. Et enfin, cette intelligence implique, sur le plan historique, l'accumulation des faits et la posiblité de les rapporter dans un but de démasquer l'inauthentique, comme pour le chroniqueur qui cherche à rendre au fait "sa force d'étrangeté"(103).

La transgression communicative ou la communauté de la transgression se dit alors dans un langage autre, dans une *poïésis* étrange et tâtonnante dans laquelle s'exprime, entre autre, l'amour lesbien entre Torregrossa (grosse tour) et B.C. Magruge (bai(s)ser ma gruge):

> *(...) Les deux femmes sont assises au pied du mur. (...)*
> *B.C. Magruge se met à réciter une espèce de chanson-*
> *litanie bizarre. Au début, elle chantonne un peu,*
> *distraitement, sans regarder Torregrossa, puis peu à*

---

[41] Curieusement, bien que ce soit Eve qui ait induit Adam en péché, il a néanmoins souvent été exclu qu'elle goûte à l'arbre de la connaissance.

> *peu elle se met à la toucher, discrètement, doucement, à l'épaule, aux bras, et la chanson devient une chanson d'amour.*
>
> B.C. MAGRUGE
> Une ...citrouille..., deux... citrons..., un... chou-fleur..., un...bonbon... pour... deux...mirlitons... (*Un temps.*) Un p'tit pain. Trois gros serins. Et une... chandelle dans une... bédaine. Ladedondaine. (*Un temps. De plus en plus doucement.*) Deux p'tits pois, un nid... dodu, des grandes raquettes, des... bras... de blé d'Inde, des ailes... d'oiseau.... (56-57)

La transgression, celle qui est implicite et nécessaire dans la tragédie puisqu'elle précipite la catastrophe, serait-elle liée cette fois-ci à une transgression d'*intelligence* dans tous les sens du mot, autant physique que mentale? Si tel est le cas, la transgression demeurerait néanmoins extrêmement équivoque, et sans rapport direct avec la catastrophe. Celle-ci d'ailleurs se voit vidée de toute idée de nécessité. Tout compte fait, la catastrophe paraît, ici, plutôt comme une forme de martyre que comme une punition liée à l'*hamartia*. De toute façon, Torregrossa n'est pas à proprement parler *la* protagoniste, car le statut de protagoniste s'applique également aux deux autres personnages. De plus, le fait même que la dramaturge a prévu trois dénouements différents ne fait que souligner l'absence de résolution dans la structure même de la pièce.

Où est donc la terreur dans cette catastrophe? Des deux composantes de la *catharsis* — la terreur et la pitié — seule la pitié s'applique, sans nous entraîner cependant vers le pathétique. La frayeur qui caractérise la tragédie œdipienne est absente; à sa place, Pelletier propose le pathos éthique de la lamentation. Ce qui explique peut-être les nombreux renvois au mur des lamentations; ce mur, ce dépositaire d'une langue sacrée, c'est le repère d'une mémoire collective, à la fois souvenir et preuve d'une tradition autre, associée, cette fois-ci, à toutes les femmes de toutes les épopées qui auraient pleuré d'une tristesse infinie et sans nom:

> (...) T'entends pas les millions de femmes qui

> pleurent dans un même souffle, une même syncope qui soulève la terre? Nous sommes des millionnes. Nous sommes des millionnes à être nées pour la douleur. (74)

À cette observation sévère de Torregrossa s'ajoutent les exhortations de Leude qui, en alternance avec les cris de B.C. Magruge, se scandent comme un long sanglot syncopé:

> *B.C. Magruge, comme un long cri qui résonnerait jusqu'au fond du désert.*
>
> TOR-RE-GROS-SA!
>
> *Torregrossa reste figée, comme si elle n'entendait pas, comme si elle entendait autre chose.*
>
> LEUDE
> Pleurez, ô femmes, pleurez!
>
> B.C. MAGRUGE
> TOR-RE-GROS-SA!
>
> LEUDE
> Pleurez, ô femmes, pleurez! Doutez, ô femmes, doutez! (74)

Le pleur acquiert ainsi un statut *communicatif* au même titre que l'acte de langage, mais combien plus primordial; le mode du pâtir révèle une complexité et une texture insoupçonnées dans un domaine jusqu'alors réservé à la langue et à la parole. Mais ce mode permet aussi un passage de la honte individuellement ressentie à l'affirmation multiple. Dès lors le sanglot n'est plus le signe de la déchéance, mais le chant puissant et douleureux de l'altérité.

Ainsi, Pelletier, à travers sa double interrogation de la langue (poétique) et du genre tragique, nous amène à réviser toute la dimension affective associée à la tragédie, tout en cherchant au coeur de l'antiquité ce qui pourrait être considéré comme une tradition spécifiquement *féminine,* incluant le pathos éthique. Sans doute la tragédie, mettant en scène des personnages *victimes* aussi bien qu'héroïques, tend-elle à jouer sur le pathétique (la pitié à côté de la terreur). Il est également avéré que ces victimes sont souvent féminines. Mais le pathos tendrait à ralentir le rythme des tragédies classiques. Or, comme le *Trauerspiel* ou le drame baroque allemand, le théâtre épique est déploiement. À la différence de la tragédie, qui fonctionne selon une esthétique de réticence, le théâtre épique ou le "drame" dans le sens où l'entend la philosophe Françoise Proust, qui associe le contexte de la crise à la crise elle-même, suscite plaintes et pleurs. Il s'agit d'un théâtre profondément ancré dans le gestuel, l'hyperbolique multiple.

Le récit épique, considéré ainsi dans sa forme globalisante rapporte les faits et les gestes, *tous* les faits petits et grands, tous les gestes, qu'ils soient héroïques ou pitoyables. L'héroïne épique, s'applique à déployer une stratégie ambiguë. Il lui faut être ingénieuse et scélérate, talentueuse et criminelle, puissante et impuissante — l'héroïsme épique étant fondé non pas sur une logique d'absolu réducteur comme la tragédie traditionnelle mais sur ce que Françoise Proust appelle "la pensée du sauvetage", les stratégies de résistance multiples, parfois minuscules, parfois grandioses.

Ce sont précisément ces gestes de résistance qui se multiplient dans la pièce de Pelletier et qui finissent par redéfinir l'héroïsme: c'est le geste de B.C. Magruge qui donne le sein à son amante au moment où celle-ci trouve la mort — sorte de Pietà au féminin féminisée et invertie, où la fille berce le corps de sa mère; c'est le refus de porter la dépouille de Torregrossa en terre, et la décision de la porter ensemble et résolument sur le dos. Le combat est ainsi projeté en dehors du destin, en dehors de la faute ou du châtiment, car "gagner ou perdre, là n'est pas la question...". La question se trouve plutôt du côté de la prise de pouvoir au sens personnel, et du dépassement de soi qui impliquerait, sur le plan mythique, une mort suivie d'une naissance symbolique; bref, la mort associée non pas à une perte mais à une *métamorphose*. En effet, Torregrossa morte sera traitée comme un bébé naissant. De cette manière, la mort du personnage se rapproche davantage d'un schéma d'apothéose, et donc du sacré et du mystère, que du schéma tragique traditionnel qui permet le retour à l'ordre après l'élimination de l'élément irréductible.

Par contre, et ceci est absolument fondamental, l'apothéose, qui se présente également comme sacrifice, se déroule dans un contexte "absurde" lié à la fois à un degré d'auto-référentialité extrême et à un principe de dégradation, autant sur le plan de la *théâtralisation et de la réprésentation théâtrale* que sur le plan "psychologique" des personnages. Ce phénomène se précise avec une très grand clarté dans le monologue de Torregrossa, au moment de son suicide:

> N'ai-je jamais rêvé que d'un poignard glacé et rond que j'enfoncerais en moi pour voir jusqu'où va la pointe de quelque chose qu'on veut poursuivre, annihiler, et COMPRENDRE? Et je le sais, je parle plus que vous autres, et c'est moi qui ai écrit la lettre, je suis une manipulatrice écoeurante, une joueuse intellectuelle et perverse, et je ne sais même pas vous faire parler. (95)

Autrement dit, les personnages jouent sur leur propre jeu, ce qui va directement à l'encontre *et* de l'*éthos* tragique conventionnel *et* du sacrifice, deux formes (tragédie ou mystère) qui reposent indéniablement sur l'acceptation à la fois de certaines valeurs considérées comme absolues et des incidences irrémédiables des actes. En revanche, le jeu auto-référentiel (le métathéâtre) finit par semer le doute, là justement où il y avait acceptation intégrale. D'ailleurs, le soupçon, on l'a vu,, conduit vers un nouveau pouvoir d'affirmation, "Doutez/ A jamais/ Des poncifs/ Des mérites/ De la vérité/ De la vérité/ Acceptée/ De la vérité acceptée et pleurée/ Du fer implacable de la non-issue (...)" (74-75). Mais l'esthétique de la suspicion serait foncièrement incompatible avec la tragédie classique; elle est même à la source de la difficulté de créer des tragédies contemporaines:

> (...) one cannot create tragedy without accepting some implacable values as true. Now the Western imagination has, on the whole, been liberal and skeptical; it has tended to regard *all* implacable values as false. (Abel 77)

Ce constat est particulièrement prégnant dans le contexte du féminisme qui se montre extrêmement soupçonneux à l'égard des valeurs "transcendantales", c'est-à-dire de ce que Derrida et d'autres associent au "logocentrisme". Qui plus est, la conscience aiguë de soi ("self-consciousness") qui caractérise le méta-théâtre, et qui caractérise aussi l'esthétique féministe, est nécessairement absente des tragédies dites classiques. Par exemple, considérons Antigone, comme nous le propose Lionel Abel "(...) if Antigone were self-conscious enough to suspect her own motives in burying her brother Polynices, would her story be a tragic one?" (77)

Encore une fois, nous sommes ramenées inexorablement au régime de l'intelligence, car celle-ci n'est-elle pas inextricablement liée à l'*interrogation*? L'intelligence n'est-elle pas précisément le prérequis à cette transgression ultime qui permet de questionner et de dé-jouer les absolus?.[20] Dans ce sens, c'est l'insertion de l'intelligence (et donc, la dégradation de l'absolu) qui fait toute la différence et qui, en fin de compte, permettrait peut-être de caractériser un tragique au féminin. Ceci est peut-être pressenti dans les propos mystérieux que Torregrossa adresse à son amante:

> B.C. MAGRUGE
> (...)
> Do you think we are beautiful together?
>
> TORREGROSSA
> You are beautiful, Ms B.C.
> But not for long.
> Yeah, but not for long.
> You will become a monster soon. (58)

C'est sur ce plan, celui de l'intelligence, que l'allégorie, l'épique et la tragédie convergent. Le conflit identifié par Benjamin se poursuit, dans la tragédie de Pelletier, tant sur le plan syntagmatique que sur le plan paradigmatique. L'histoire (l'intelligence des faits reportés) vient graver sa marque sur le visage parfait de

---

[20] Il y a lieu ici de noter le parallèle ironique avec Œdipe qui, justement, s'appuie sur sa propre intelligence et non pas sur le savoir ancestral pour vaincre la Sphinge.

l'allégorie-épopée, de même que l'intelligence d'une poétique autre vient ravager la beauté sereine de la Vierge. D'une manière comme de l'autre, le tragique réside dans cette douloureuse et combien monstrueuse accession à la connaissance.

139

CHAPITRE SIXIÈME

<u>Fragments d'une lettre d'adieu lus par des géologues</u>[21]

> Je suis fait des mots, des mots des autres
> (...). (Beckett, <u>L'innommable</u> 148)
>
> (...) là où nous pensons que l'information produit du sens, c'est l'inverse.
> L'information dévore ses propres contenus. (Baudrillard, <u>Simulacres et simulations</u> 123)

Quand vous lirez ces lignes, dans cet endroit perdu du monde...
Ainsi se lit — pour approximatif qu'il soit, car il y en a d'autres versions encore — le premier fragment de la lettre d'adieu écrite par Toni van Saikin, figure centrale (bien qu'absente) de la pièce de théâtre, <u>Fragments d'une lettre d'adieu lus par des géologues</u> (1986) de Normand Chaurette.[22] S'amorce ainsi, par la lecture de ces fragments, l'entreprise herméneutique qui vise à *expliquer* la mort mystérieuse de l'ingénieur selon deux sources principales: d'une part à partir des rapports individuels soumis au président de l'enquête par les membres de l'expédition; d'autre part à travers les phrases tronquées, inachevées et quasi-illisibles de van Saikin lui-même.

Dans cette mise en scène épistolaire, *lire (ou son participe passé)* ne dévie point de son étymologie latine, car lire n'aurait jamais tant ressemblé à "cueillir".

---

[21]Ce chapitre trouve son origine dans un article publié pour la première fois par l'American Association of Teachers of French et reproduit ici avec permission: Stéphanie Nutting, "L'Écologie du tragique: *Fragments d'une lettre d'adieu lus par des géologues* de Normand Chaurette," <u>The French Review</u> 71.6 (mai 1998): 949-960.

[22]Afin d'alléger nos propos, la pièce sera désormais désignée comme <u>Fragments d'une lettre</u>.

Cueillis comme des échantillons botaniques, les fragments d'une lettre d'adieu seront — comme ces substances étranges — récoltées pour leurs secrets curatifs («J'ai des raisons de croire que les corps gras qu'on trouve sur les glumes et glumelles du sorgho préviennent la croissance des tumeurs malignes au cerveau» aurait confié Van Saikin à son collègue (62)). En effet, toute la pièce se construit sur le processus d'une révélation, d'une quête, vécue comme une soigneuse cueillette et réutilisation conséquente de signes.

En ce sens, la pièce de Chaurette suit, du moins en apparence, le modèle oedipien du tragique qui consiste à jeter de la lumière sur une énigme jusqu'alors insoluble; "ego phano," déclare Œdipe, avant de procéder, *aveuglément*, à sa propre destruction, c'est-à dire à une destruction dont le foyer se trouvait à la fois dans le passé (comme fait accompli) et dans l'avenir diégétique (comme réactivation du passé). Dans la pièce de Chaurette, cependant, contrairement à ce qui a lieu chez Sophocle, l'entreprise herméneutique ne révèle aucune vérité cachée. Au contraire, elle s'abîme dans son propre processus. S'opposent alors deux registres épistémologiques *a priori* irréductibles l'un à l'autre: celui de l'énigme, au sens de secret que l'on peut mettre à jour, dont la solution est éventuellement visible (*"ego phano"*), et celui de l'entropie, au sens de désintégration du sens, d'incertitude croissante où l'information "dévore ses propres contenus" (Baudrillard Simulacres et simulation 123).[23]

Une tentative de "configurer le désordre" (211), voilà le projet, selon Pierre Nepveu, de toute littérature. Sans doute le tribunal (et corollairement, la commission d'enquête) représente-t-il, de la façon la plus radicale, ce projet qui consiste à vouloir donner forme au désordre en opposant des témoignages incertains, déroutants, à la

---

[23] Selon Le grand dictionnaire encyclopédique Larousse, l'entropie réfère non seulement à un phénomène thermodynamique et au "désordre" d'un système, mais également à une théorie de la communication: "nombre qui mesure l'incertitude de la nature d'un message donné à partir de celui qui le précède. (L'entropie est nulle lorsqu'il n'existe pas d'incertitude)" (3798).

volonté juridique d'une reconstitution lucide et fondamentalement "vectorielle".[24] C'est la forme par excellence de la maîtrise des révélations successives.

Par ailleurs, il est aisé de voir, dans le modèle de l'enquête, un leitmotiv privilégié qui traverse la dramaturgie québécoise contemporaine. Comment ne pas penser à <u>Being at home with Claude</u> de René-Daniel Dubois, à <u>La lumière blanche</u> de Pol Pelletier, aux pièces de Jean-Claude Germain telles <u>Si les Sansoucis s'en soucient (...)</u> et <u>A Canadian Play/une plaie canadienne</u>, et même à cette autre pièce de Chaurette, <u>Provincetown playhouse, juillet 1919, j'avais 19 ans</u>, dont la structure du procès est récupérée et projetée par les remémorations délirantes du protagoniste. Même quand ni la faute ni les critères pour déterminer la culpabilité ne sont clairs, le procès, en tant que tel, met en scène après coup l'espace de la transgression, ou plus précisément, l'espace de l'enquête où l'on *débusque* la transgression, même si la transgression est inconnue, ou, ce qui est pire, innommable.

Mais l'enquête réunit aussi les deux moments constitutifs de la tragédie distingués par la philosophe Françoise Proust: l'affrontement aux puissances mythiques en l'occurrence non pas tant infernales qu'*inhumaines* et l'affrontement sur le mode juridique.

L'affrontement aux puissances inhumaines prend la forme du rappel des conditions défavorables qui se sont enchaînées les unes après les autres avant la mort de van Saikin, comme si la boîte de Pandore avait été renversée par les torrents du déluge, lâchant sur le sol boueux une multitude prodigieuse de bestioles grouillantes et vénimeuses. La litanie de malheurs, d'accidents de parcours et surtout de conditions défavorables fait surgir l'étrangeté, voire l'hositilité radicale, de cet univers diluvien qui a tout l'air d'un monde pré-humain, terrible, invivable.

Quant au procès proprement dit, il se présente, on l'a vu, sous la forme d'une commission d'enquête. Mais ce qui est curieux c'est l'absence quasi-totale de faute.

---

[24]"(...) la littérature est toujours en définitive une manière de configurer le désordre, d'en assumer les déséquilibres, les anomalies, les terreurs ou les cocasseries, dans une visée symbolique unifiante." (Nepveu 211)

On est en présence d'un processus judiciaire *sans crime* ou, ce qui revient au même, d'un système où l'on ne peut ni veut identifier un crime quelconque. Il y a, toutefois, excès. Bien que l'excès se modalise de diverses manières, il semble toujours maintenir une filiation avec l'hubris grecque, comme une sorte de dérivé contemporain de la démesure héroïque.

D'abord il y a excès dans l'environnement où les faits sont censés avoir lieu. Les éléments sont incontrôlables alors même que le projet avait pour but de corriger les processus dangereux qui s'y passaient. Une immense quantité de pluie et d'eau fluviale semble avoir bouleversé (et bouleverse encore) les personnages, au point de détraquer leurs facultés les plus intimes:

> La pluie nous a suivi sans arrêt. Le jour, la nuit. Le corps et l'intelligence ne fonctionnent pas de la même manière quand on est à l'envers du globe, dans des pluies tellement continuelles qu'on pense être dans une autre vie. Quelque part où il n'y a plus aucune végétation, aucune terre, aucun sol ferme, on vous a déporté dans l'eau, *vous êtes à l'extérieur et à l'intérieur de l'eau*. On ne peut pas nous interroger sur notre façon d'avoir vécu ces pluies. (35)[25]

Plus tard dans la pièce, l'excès, faute d'être cerné dans les faits, s'inscrira du côté humain. Très tôt, l'un après l'autre, les géologues font de van Saikin une espèce de héros prométhéen défiant les lois du cosmos, les règles rationnelles de la pensée scientifique et les interventions humaines: "Toni van Saikin niait l'évidence. Devant la réalité, il continuait de s'acharner, au nom de je ne sais quelle conviction. Une foi irrationnelle, sans nuance, qui ne prouvait rien et qui prétendait mener à tout" (59). S'accuse ainsi une remarquable volonté et conviction qui correspondent en tous points à l'héroïsme exalté attribué depuis toujours aux héros de la tragédie classique. En effet, chez van Saikin, l'excès se révèle dans deux attitudes antithétiques: tantôt dans une fascination aiguë avec la mort comme le croient la majorité des géologues

---

[25]Ici et dans les autres citations qui se trouvent dans l'essai, c'est toujours moi qui souligne.

(Lloyds Macurdy: "nous avions affaire à un homme qui avait résolu de mourir (...)" (19)), tantôt dans un prodigieux attachement à la vie:

XU SOJEN

> À la lumière des fragments de cette lettre d'adieu, aujourd'hui, je ne saurais dire pourquoi Toni van Saikin désirait tant rester en vie. Bien peu d'hommes font preuve d'autant de crédulité et d'acharnement pour échapper à la mort et contourner l'inévitable. Ils ne font pourtant qu'irriter le destin.
> (104)

L'intepértation de l'ingénieur cambodgien Xu Sojen s'oppose donc diamétralement aux témoignages des géologues occidentaux. Ceci en soi est très important et on y reviendra.

Du coup, la faute (si l'on peut toujours parler en termes de "faute") ne serait pas celle, chrétienne, du suicide, mais plutôt de son contraire, de la transgression comme désir inouï de vivre mais dont les signes matériels sont aussitôt dissous, récupérés et absorbés par les gouttes d'eau ambiantes qui concourent à rendre les traces indéchiffrables.

Dans cette optique, vivre pleinement va à l'encontre des flux de la matière, de la désintégration massive et continuelle des systèmes:

DAVID LENOWSKI

> (...) j'avais ouvert mon calepin à la page du 22, pour y noter mes observations sur l'état du monde, et les pluies. Je me souviens d'avoir écrit que l'ingénieur Toni van Saikin était mort et que l'univers était stable.
> (37-38)

L'univers, tel qu'il est perçu par les géologues, aurait-il atteint son état entropique radical où il n'y a plus d'affrontements, plus de paroxymes, seulement un nivellement ontologique absolu que seule la vie de Toni van Saikin aurait su empêcher? Ou bien celui-ci cherchait-il à établir, dans la mort, un accomplissement personnel dont l'univers n'a fait que refléter la quiétude subséquente?

Cette deuxième lecture rappelle l'essai du jeune Georges Lukács qui, partant d'une conception platonicienne de l'être humain, définit le tragique comme la réalisation, chez l'être humain, d'une "essentialité concrète" retrouvée au-delà des limites.

De cette manière, la tragédie répond à la question la plus délicate du platonisme: les choses singulières peuvent-elles aussi posséder des idées, participer aux essences (*Wesenhaftigkeiten haben*)? La réponse de la tragédie inverse, selon Lukács, la question. Seul le singulier poussé jusqu'aux limites extrêmes est adéquat à son idée; l'universel, "sans couleurs et sans forme, comprend tout"; ainsi,... dans sa compréhension du tout (*Alldeutigkeit*), est-il "trop vide dans son unité, pour pouvoir devenir réel" (L'âme et les formes 259). Autrement dit, l'aspiration la plus profonde de l'humanité — l'aspiration de l'être humain à son propre soi (*Selbstheit*) — constituerait la métaphysique de la tragédie.

Dans le vocabulaire de Lukács, c'est l'âme éveillée qui cherche à reconnaître son essence. Curieusement, ce mot "âme" survient dans la pièce de Chaurette par le biais du témoignage de Xu Sojen. "Curieusement" parce que son apparition est insolite, presque archaïque, et potentiellement déroutante dans un contexte scientifique:

> Je vis qu'il avait connu un état de jouissance. Son pénis était demeuré en érection. Il était mort comme meurent les pendus, et cela en dit long sur la rébellion de cet homme qui était allé chercher là où elle s'était réfugiée l'idée d'une résurrection immédiate. Même dans l'obscurité totale, l'âme ne saurait hésiter. (102)

Curieusement aussi parce que l'âme s'anime et se personnalise comme une petite créature invisible, délicate, qui, "décidée" à demeurer le plus longtemps possible dans le corps, se blottit contre le cadavre et regarde ses membres (102-3) avant de "se déporter" ailleurs.

Or, d'une façon comme de l'autre, la mort de van Saikin coïncide avec l'extase, avec une jouissance infinie déclenchée par l'ombre de la finitude. Assurément, cette étroite association de souffrance et de jouissance rappelle la vision nietzschéenne de la tragédie comme véhicule d'une métaphysique rédemptrice (*Trost*), c'est-à-dire comme une affirmation extatique de la vie. Elle rappelle également les propos de Jean-Marie Domenach — tangentiels à ceux de Nietzsche — sur l'importance du secret dans la tragédie:

> (...) s'il est vrai qu'"il n'y a pas de théâtre sans un secret qui se révèle", comme dit Ionesco, ce secret est celui-là même que la tragédie grecque produisait devant les spectateurs: *l'homme souffre au sein du bonheur, l'homme chute au sein de la grandeur, l'homme meurt au sein de la vie*...Et ceci doit être dévoilé avec plus de violence dans une société qui s'efforce d'escamoter la souffrance, la faute et la mort. (276)[26]

Selon la perspective de Domenach, le secret tragique et la faute tragique sont engagés au sein d'une métaphysique du *flou* et de la *faillibilité*, la faute n'ayant aucun rapport avec la volonté humaine.

Dans le théâtre dit "absurde", il est encore plus difficile de saisir les contours de la "faute". Chez Beckett surtout, dont les pièces tendent vers la tragédie, la torture, la souffrance et la déchéance sont naturelles. Elles sont autant de mises en scène de la punition sans raison, de la culpabilité sans crime.

L'AMENUISEMENT DU SUJET

Chez Chaurette, il est question également d'une culpabilité sans crime et de la tentative d'imposer une clarté logique au mal qui se dérobe sans cesse à la raison. Contre ce flou métaphysique s'acharne le langage scientifique qui déploie son travail linguistique dans un immense processus de "glaciation du sens," pour reprendre l'expression imagée de Baudrillard.

Nulle part cette "glaciation" n'est plus évidente que dans le portrait de Toni

---

[26]Je souligne.

van Saikin, émis par les géologues dans une espèce de monologue en choeur. Incapables de fournir un portrait du chef de l'expédition, ils se rabattent sur une sorte de "fiche signalétique" composée de mesures précises concernant les fonctions du corps et de particularités chimiques:

> Sexe: masculin. Âge: vingt-neuf ans. Taille: cinq pieds onze pouces. Pression artérielle: cent vint de systolique, quatre-vingt de diastolique. Cholestérol: quatre-vingt-huit virgule quatre.Hémoglobines: douze. Ossature: ectomorphe. Globules:légère leucocytose non significative. (...) (49-50)

Occulté par une pensée qui ne relève que des fonctions de la physiologie corporelle, le sujet s'amenuise et finit par disparaître. Paradoxalement, plus le sujet s'efface, plus on est obsédé par son mode de disparition. On peut très bien parler ici, comme le fait Domenach dans le contexte du théâtre de l'absurde, d'un "naufrage de significations" et de la "dilution du sujet dans l'anonyme verbosité" (278, 279). Cependant, à la différence du bavardage chez Beckett, la verbosité ici constitue un langage autre, un langage hyper-spécialisé et aseptisé, mais tout aussi vide.

Par ailleurs, l'enjeu humaniste de la pièce se précise très tôt, au moment où Jason Cassilly expose le but de l'expédition:

> Le but de cette expédition était essentiellement humaniste. (*Un temps, il corrige:*) Essentiellement humanitaire, dis-je. Fortement sensibilisés aux problèmes de malnutrition et de sécheresse dans les régions en voie de développement, nous nous étions donné comme but d'explorer des sédiments puisés dans le sous-sol des eaux territoriales d'Afrique et d'Asie du Sud-Est, de purifier ces eaux par filtration des résidus (...). (22)

Ainsi, la position philosophique qui met l'être humain et les valeurs humaines au-dessus de toutes les autres valeurs surgit dans l'espace de la rature, dans l'espace de la *faute*, et en deçà même du discours technologique. Ce lapsus contiendrait alors tout le sens de la *quête du sujet* non pas en dehors mais à l'intérieur de ce que

Baudrillard appelle la "société à congélation lente" (<u>Simulacres et simulations</u> 69).

A l'expédition en tant que quête se greffe ainsi l'expédition en tant que praxis. La quête d'une connaissance se trouve élevée à la mise en action et à une éthique spécifiquement contemporaine où il est désormais possible d'envisager un renouveau de l'éthique comme *prolongement* du nihilisme moderne, jusqu'ici caractérisé par une négation de toute praxis.

Une telle stratégie appartient, il semble, à ce que Pierre Nepveu appelle le "registre écologique", et ceci autant sur le plan thématique que sur le plan esthétique. Nepveu voit s'élaborer dans la littérature québécoise contemporaine une double quête ontologique/écologique. Cette quête se déploie sur un fond de "catastrophisme" double, lié d'une part à une angoisse "post-moderne" généralisée, et surdéterminé, d'autre part, par la fragilité identitaire de la communauté québécoise.[27]

"L'écologie est l'au-delà du non-sens moderne, affirme Nepveu, la reprise de celui-ci à même la vision d'un système complexe de forces, d'une organisation des ressources vitales" (151). L'écologie est vue, donc, comme système capable de rationaliser les flux d'énergies, comme gestion des ressources autant que gestion du moi et qui serait "une tentative de réponse éthique et esthétique à la confusion ambiante" (213). L'écologie comme affirmation, donc, va jusqu'à redéfinir la subjectivité même pour la configurer dans cet espace double de raréfaction et de revalorisation énergétiques. Dans cette optique, le thème de l'identité se présente moins comme une quête du sens que comme une "reconquête des forces", une lutte contre l'entropie, c'est-à-dire contre la perte radicale d'énergie.

Il est important de signaler qu'une mise en relation de cette esthétique et de l'écologie, telle qu'élaborée par Nepveu, va à l'encontre d'une métaphysique de l'origine et de l'identité. C'est en fait le désordre qui se présente comme expérience

---

[27]."La conscience de «la fin du monde», déterminée dans le discours contemporain par la peur nucléaire et par la conscience écologique, se trouve au Québec sur-déterminée par la fragilité existentielle de la communauté elle-même. Nous pensons l'être dans un rapport particulièrement angoissé avec la mort (possible, imminente, crainte, fantasmée). Mais par un curieux retournement, c'est précisément cette dimension apocalyptique ou catastrophique qui donne à la littérature québécoise moderne l'essentiel de sa force." (Nepveu 156)

déclenchant une mise en forme, et non pas les retrouvailles de la forme et d'une essence préexistante qui définissent ce qui est.

Or, dans la pièce de Chaurette, le registre écologique se manifeste *parallèlement* à la métaphysique de l'âme. L'un n'exclut pas l'autre, comme s'ils étaient deux alternatives signifiantes d'une même existence, ce que Xu Sojen va exprimer en termes métaphoriques:

> À cause de la couleur des pluies, on aurait dit les tout premiers instants de l'univers. (...)
> Impossible de savoir d'où l'on vient. Impossible de savoir où l'on va. Le cerveau de Toni van Saikin regardait la mer à l'infini, diffuse et chaotique, là depuis avant le commencement du monde. (103)

Le corps même de van Saikin deviendra alors le site physique, à savoir métaphorique, de cette double tendance contradictoire: d'une part, entropie comme dispersion continue et inexorable de la substance, d'autre part, énigme, concentration et configuration ultime de sens, de l'es(sens)e.

Dans la mort de Toni van Saikin, tout comme dans ses fragments d'écriture, il y a «simultanéité» de ces deux perspectives incompatibles, maintenues dans un état de tension réciproque. Les propos du médecin Carla van Saikin, veuve de Toni van Saikin, s'inscrivent par exemple dans l'optique métaphysique, mais aussi en deçà de la physique:

> (...) Mon mari Anthony van Saikin avait des choses importantes à dire. S'il est allé dans ce coin perdu du monde pour les écrire, c'est que ces choses, *elles étaient loin en lui.* (95)[28]

L'écriture devient indissociable, en quelque sorte, du scripteur en se présentant comme l'effort ultime du sujet pour retrouver un réel irréductible, absolu, son propre à soi qui ne demandait qu'à être atteint.

---

[28] Je souligne.

Mais l'écriture-corps c'est aussi le site d'une déperdition brutale de la forme et de l'énergie:

> XU SOJEN
> Au dixième jour de sa décomposition, le corps de Toni van Saikin était en si mauvais état que cette pluie, pourtant très fine, martelait son crâne comme des secondes, et les gouttes creusaient des rigoles le long de ses joues.(...) Nous avons fait quelques pas vers lui, mais nous avons dû reculer à cause d'une odeur insoutenable qui émanait de sa peau. D'ailleurs, nous étions venus juste à la distance qu'il fallait pour nous rendre compte qu'il n'avait plus de paupières. (102)

S'opère alors la résorption de l'homme, d'abord par la vase ambiante et ensuite par les eaux du fleuve. Une incroyable métamorphose de l'homme-ruine devenu fleuve, une transformation de la *matière consciente*: "Il n'existait pas, il préexistait, il ne préexistait plus, il existait, cela revient au même quand on regarde l'infini."(103)

Aussi, non seulement les géologues sont-ils incapables d'expliquer la cause de la mort, ils sont incapables de placer les événements dans le même ordre chronologique. La disparition de l'ingénieur s'opère dans un espace-temps déjà désagrégé, ou plutôt, en désagrégation continuelle. Clément Rosset parle du "surprenant par essence" (21) pour caractériser la prise de conscience du tragique, mais dans l'espace dramatique de Chaurette, au Cambodge, sous la pluie qui dissout tout (même le temps), plus rien ne surprend.[29] Par contre, tout est étrange.

Dans le but d'extraire un sens caché des fragments, David Lenowski avait proposé une stratégie de décodage où il s'agissait de remplacer chaque lettre par un chiffre et chaque chiffre par une autre lettre. Le résultat:

> «Quand vous lirez ces lignes», à titre d'exemple, donne approximativement...«Swacpf xeqwu niktgb egu nikpgu». (30)

---

[29]"Au Cambodge...on...meurt...pour...rien" (84).

Soudain, la première ligne de la lettre est transformée en du non-sens absolu, des mots farfelus, impossibles même à vocaliser avec précision (Lloyds Macurdy, dérisif, demande, "Vous avez dit...«Swacpf...» et vous écrivez comment?"). Lenowski arrive à retourner la langue comme un gant, livrant ainsi son énorme potentiel d'étrangeté. La langue française, il nous la soustrait, nous mettant ainsi dans une position analogue à celle des *étrangers* devant une langue impénétrable, où la perte d'information se trouve à son maximum.

>RALPH PETERSON
>L'éloignement des terres habitées et les conditions
>climatiques avaient rendu impossible la conversation,
>euh, la conservation du corps (...) (28)

Tout à coup se disloque l'intégrité sémantique individuelle qui aurait pu permettre une distinction au sein même de l'entropie. Dorénavant ils sont la même chose, c'est-à-dire décomposition du corps-texte. Phosphore-chlore, humaniste-humanitaire, conservation-conversation, des bavures surgissent, insolites, trouant la trame de l'énonciation, comme si la mise en langue n'était qu'une tentative inadéquate pour effacer la fondamentale étrangeté de l'être qui ne cesse pourtant de faire irruption dans le discours. Elle surgit ailleurs aussi, sous d'autres formes de représentation, comme dans le cas des anomalies photographiques: comme sur la photo où il fait inexplicablement soleil et où toute l'équipe a des cheveux mauves. L'explication scientifique, comme quoi il serait naturel d'avoir les cheveux mauves sur la photo, ne fait que rehausser l'effet bizarre de celle-ci. Et l'entêtement des géologues à nier la possibilité qu'il ait fait soleil, alors que la photo montre bien un lieu ensoleillé, est éloquent en ce qui concerne leur incapacité de cerner le réel.

Il est significatif, en outre, que la décomposition ou l'érosion du corps-texte s'opère "loin de tous les repères", pour reprendre le deuxième fragment de la lettre d'adieu, car la pièce se construit justement sur une dialectique entre deux pôles géographiques et ontologiques. D'un côté il y a l'espace scénique où se déroule la commission d'enquête, quelque part en Amérique du Nord; de l'autre côté il y a l'espace "de la narration," l'espace où se déroule l'action ultérieure, au Cambodge et,

151

brièvement, en Éthiopie. Ainsi la pièce chevauche-t-elle deux espaces distincts: l'un occidental, l'autre oriental.

Cette structure binaire est mise en évidence, d'ailleurs, par Michel Forgues dans son introduction à la pièce; "Pendant que l'Occident quantifie l'existence d'un être, l'Orient, lui, qualifie" (5). Se dessinent ainsi deux mondes, deux ensembles de valeurs, l'un basé sur l'exactitude des valeurs numériques qui donnent naissance à l'*homo economicus* et à la technologie, et l'autre, basé sur des valeurs qui relèvent plutôt des choses innombrables dans le grouillement de la matière et de la vie et qui, paradoxalement, ramène à des questions plus abstraites de qualité et d'essence.

De plus, on aperçoit, dans cette structure, l'importance du «tiers-mondisme» qui, d'après Nepveu, aurait "nourr[i] paradoxalement (fantasme devenu idéologie) l'entrée du Québec dans le monde moderne (...)" (88).[16] Ce retour au primitif, à l'archaïque (en l'occurrence au monde hybride du déluge biblique et du Cambodge actuel) signale un retour à l'esthétique de la ritualisation comme réponse à la confusion ambiante de l'époque contemporaine.[17]

Dans la pièce de théâtre qui nous concerne ici, la ritualisation prend la forme d'une écriture (et aussi lecture) sans cesse réitérative et inchoative mais aussi extrêmement méticuleuse, comme si le geste même pouvait compenser en quelque sorte l'échec sémantique de l'ensemble des fragments:

DAVID LENOWSKI
Voyez: il n'aimait pas les ratures.

LLOYDS MACURDY
D'où quelques passages difficiles à lire parce
qu'il lui arrivait d'effacer un mot, d'en écrire un autre
au lieu, de réeffacer, d'écrire par-dessus, trois fois,

---

[16]"Rien n'est plus typique de la modernité québécoise que cette manière d'accéder au moderne par le non-moderne, l'archaïque, le primitif, le «naturel»." (Nepveu 88-89)

[17]Nepveu identifie trois moments principaux dans la littérature québécoise contemporaine: *l'esthétique de la fondation* (les années soixante); *l'esthétique de la transgression* (le formalisme et le premier féminisme, se situant entre 1968 et 1979); et enfin, *l'esthétique de la ritualisation* (depuis 1980). (Cf. Nepveu 211-213)

> quatre fois. Il pouvait perforer la page. (65)

Mais ne pourrait-on pas concevoir ce rapport différentiel entre l'Occident et l'Orient en d'autres termes encore, comme le fait Bernard Plancherel à propos de la «théorie des catastrophes» de René Thom? "L'intuition géométrique qui spatialise son objet va remplacer l'intuition sémantique," observe-t-il.[18] Dans le cas précis de Chaurette, il est possible au demeurant de regrouper les moyens de représentation occidentaux sous le signe de l'intuition géométrique tandis que les moyens de représentation orientaux se déploieraient à même l'intuition sémantique. Mais chez Chaurette on observe un mouvement qui va dans le sens contraire de celui décrit par Thom: l'intuition sémantique semble remplacer l'intuition géométrique, comme une espèce d'*anti-catastrophe* ou catastrophe à rebours.

Ensuite, on sait, depuis Baudrillard, que la spatialisation de l'objet aujourd'hui peut entraîner une espèce d'anéantissement du référent à travers un étrange processus non plus de représentation mais de *simulation* où la carte efface précisément ce à quoi elle est censée renvoyer:

> Le territoire ne précède plus la carte, ni ne lui survit. C'est désormais la carte qui précède le territoire — *précession des simulacres* — , c'est elle qui engendre le territoire et s'il fallait reprendre la fable, c'est aujourd'hui le territoire dont les lambeaux pourrissent lentement sur l'étendue de la carte. C'est le réel, et non la carte, dont des vestiges subsistent çà et là (...).
> (Baudrillard, <u>Simulacres et simulations</u> 10)

Dans <u>Fragments d'une lettre</u>, cette problématique de la représentation impossible prend tout son relief dans un passage qui est remarquablement proche de l'exemple utilisé par Baudrillard et qui évoque le même genre d'écart infranchissable entre la représentation (d'ordre géométrique) et son référent concret (d'ordre ontologique). Par ailleurs, l'abîme qui les sépare est perçu, du moins pour les

---

[18]Cité d'abord par A. Woodcock et M. Davis (10) et ensuite par Nepveu (179).

personnages de Chaurette, sur le double mode de la *perte* et du *mensonge*:

> DAVID LENOWSKI
> (...) Regardez le Nil Bleu... mettez-vous à Khartoum et tâchez de savoir s'il va vers Memphis. Cela vous paraît comme étant une impossibilité formelle.(...) Il vous faut une carte sous les yeux, encore que vous penserez que les cartes géographiques, qui sont pourtant d'une grande exactitude, ne disent pas la vérité. Quelque chose qui est écrit, mais qui vous ment.(37)

Révélation déroutante: dans le discours scientifique, l'exactitude ne protège nullement du mensonge; au contraire, elle permet de mieux le camoufler. La preuve en est d'ailleurs le mémoire truqué que deux des géologues auraient soumis au professeur Déjanire sans que celui-ci s'aperçoive des irrégularités. De cette façon, grâce au jeu de substitutions,[19] le discours exact et *a priori* vrai assume les traits de ce qui est posé comme son antithèse — la fable. De ce point de vue, la différence principale entre les modes discursifs semble appartenir au régime des apparences: l'une se plaît à afficher allègrement son caractère mensonger tandis que l'autre, plus redoutable encore, fait tout pour le camoufler.

Il existe une autre distinction fondamentale entre le discours scientifique et la poésie (ou la fable). Cette différence s'accuse dans le fait que la poésie intervient à un moment très précis dans la pièce: elle se présente non seulement comme le prolongement mais aussi comme la seule continuation possible d'un discours scientifique en panne. Le Maréchal Déjanire, scientifique affligé par la science et qui ne jurait que par la littérature, est peut-être le premier à nous indiquer, d'une manière en quelque sorte détournée, cette co-extensivité à sens unique.[20]

---

[19] De plus, le fait que le Québec (le Fleuve St-Laurent) ait été "arbitrairement" remplacé par le Cambodge semble poser de nouveau la question de l'identitaire et du tiers-mondisme évoqués par Nepveu.

[20]   RALPH PETERSON
La science affligeait le maréchal.
JASON CASSILLY
Il ne jurait que par la littérature. (71)

Ensuite, l'ultime paradoxe de la pièce se situe justement là où, après les interventions plutôt formelles, bourrées de jargon scientifique, le "choeur" (les géologues) délaisse son empirisme technique habituel pour dériver dans la fabulation pure. On ne peut "aller plus loin" que lorsque on s'aventure dans la fabulation. Cependant, la fabulation débridée et xénophobe des géologues se démarque nettement de la poésie avec laquelle avait enchaîné Lenowski plus tôt.

En fin de compte, à la lumière de l'hybridation de la géométrie et de la sémantique dans cette pièce, il est peut-être trop aisé de répartir les enjeux esthétiques selon une binarité culturelle — l'intuition géométrique et le principe entropique d'un côté et l'intuition sémantique et le principe énigmatique de l'autre. Si l'on attribue souvent la science à la civilisation occidentale et la métaphysique à la civilisation orientale, il faut prendre soin de bien nuancer, car l'intérêt de la pièce découle, justement, de leur co-existence, voire de leur co-extensivité aporétique.

Si on peut continuer à parler de tragédie ici, c'est d'abord dans le sens (et dans le non-sens) de l'anti-tragédie, c'est-à-dire du théâtre de l'absurde que Domenach a su décrire avec tant de finesse:

> Dans la tragédie classique, ce sont des pleins qui s'affrontent: des passions, des intérêts, des valeurs; dans l'anti-tragédie contemporaine, ce sont des creux: des absences, des non-valeurs, des non sens. L'anti-tragédie prend sa source dans l'échec de tout ce qui donnait consistance à la tragédie: caractère, transcendance, affirmation. (265)

Face à un théâtre qui se prévalait des absences, des non-valeurs, et des non-sens, il n'est pas étonnant que la critique ait associé le théâtre de l'absurde à la représentation du *rien*.

A proprement parler, rien ne se passe dans la pièce de Chaurette non plus. Néanmoins, bien qu'il puise sa forme et son contenu dans les absences (et donc dans l'irreprésentabilité de certaines choses), Fragments d'une lettre d'adieu pousse encore plus loin le non-sens moderne pour se retrouver dans l'au-delà écologique qui dépasse, sans l'annuler, l'entropie communicationnelle sur laquelle il est fondé. Dans le même geste, il réintègre la dimension du secret et de l'entreprise herméneutique qui postule une énigme.

En fin de compte, ce qui demeure profondément tragique, ce n'est pas tant la mort du héros, Toni van Saikin, que l'inaptitude des géologues (nous) à conférer à sa mort une valeur quelconque. Seul l'*étranger*, Xu Sojen, possède une vision qui permettrait de conjuguer le mystère à même un système complexe de forces et de ressources vitales. Si l'on considère la métaphysique et l'entropie en termes spatiaux, la première aurait un intérieur (sens) profond tandis que l'autre n'est que dispersion. En fin de compte, seul l'ingénieur oriental a su déceler une intériorité — "l'idée d'une résurrection" — dans la dissolution ambiante, c'est-à-dire un mouvement qui relève de l'extériorité pure. Lui seul perçoit la lutte tragique de van Saikin et son "acharnement pour échapper à la mort et contourner l'inévitable" même quand cela ne fait "qu'irriter le destin"(104). Selon Xu Sojen, la lettre d'adieu serait une lettre qu'il "s'écrivait à lui-même, pour ce jour où il reviendrait peut-être (...)" (104). En émettant cette hypothèse, l'ingénieur asiatique enlève à la mort, et donc à la tragédie, son caractère irrémédiable, le point de non-retour qui lui est constitutif. Il propose une résolution qui n'en est pas une, bref il évoque l'anti-tragédie. Se produit ainsi la disparition du spectacle comme prélude à tout spectacle: "Le cerveau de l'ingénieur regardait la mer à l'infini, diffuse et chaotique, là depuis avant l'éclosion de l'homme et de son cerveau" (103). La tragédie apparaît dès lors comme inhérente à la conscience et inscrite dans son éveil comme dans sa mort, fondamentalement un défi au chaos, comme le coup de dés mallarméen.

CONCLUSION

La confrontation légitimité-illégitimité qui opère dans les pièces de Grandmont, Dubé et Tremblay, se poursuit dans les pièces de Dalpé, Pelletier et Chaurette, mais en s'articulant autrement. Dans le premier corpus la tension, on l'a vu, se modalise de façon double: d'une part sur le plan du contenu, et plus explicitement sur le plan social, d'autre part sur le plan de l'"architecture" de la pièce. Sur le plan du contenu, le héros ou l'héroïne constitue une force dissidente. Bien que profondément convaincu de la légitimité des valeurs qui l'inspirent, en allant contre l'inertie ambiante de son milieu, il/elle fait figure d'être illégitime (et profondément seul) face aux valeurs reçues de la société qui l'entoure.

Cependant, les valeurs reçues contre lesquelles il/elle lutte se révèlent dénuées de moralité et disposées à recourir à tous les moyens afin de s'affirmer — à tel point que l'affrontement paraît truqué. Dans les trois pièces, la soumission du fils ou de la fille est postulée.[21] Dans Un fils à tuer, l'autorité patriarcale revêt une forme archaïque, mais brutale; dans Au retour des oies blanches, elle est ébranlée et discréditée, mais le tabou de l'inceste persiste et s'exerce dans l'ombre puisque Geneviève ne sait rien de son origine véritable. Dans Sainte Carmen de la Main, elle est diffuse et impersonnelle, mais l'héroïne peut d'autant moins la combattre qu'elle est une femme et ne veut pas recourir à une violence machiste.

D'autre part, d'une pièce à l'autre, le champ d'application devient de plus en plus étroit: si Un fils à tuer pose les problèmes à l'échelle de la planète, le Nouveau Continent récusant le Vieux Monde tout en invoquant des valeurs plus archaïques, l'Histoire étant reléguée au delà du Mythe et des archétypes, Au retour des oies

---

[21]Cette assertion vaut aussi pour Carmen qui est symboliquement "fille" de la Main.

blanches est situé en marge du Québec de la Révolution Tranquille et Sainte Carmen de la Main cantonné dans le ghetto de la Main et le milieu social de la pègre.

Ce rétrécissement progressif du champ d'affrontement est symptomatique de la dégradation des systèmes de valeurs établis. Chez Grandmont, on a encore une espèce de caution biblique de la violence patriarcale. Chez Dubé c'est l'apparence qui domine et qui pourrait être symbolisée par l'uniforme que revêt Achille pour honorer la dépouille de Geneviève. Chez Tremblay, non seulement la violence s'exerce en coulisse, mais on voudrait faire disparaître toute trace de l'adversaire.

Nous sommes déjà loin de la vision hégélienne du tragique qui, tout en démultipliant le conflit tragique, postule que les deux adversaires (agents des "forces générales") ont les mêmes droits, que les deux parties sont aussi légitimes l'une que l'autre:

> Bien que, dans l'étude de l'action, nous en soyons à la phase où l'idéal, en se déterminant, s'oppose à lui-même, il n'en reste pas moins que, selon le concept même de l'art, tel qu'il se réalise dans la beauté vraie, chacun des termes de cette opposition doit encore porter l'empreinte de l'idéal et participer de la raison et de la justice. (2, 218)

Domenach va reformuler cette pensée par la suite, mais l'essentiel des propos de Hegel demeure: ("(...) il est tragique que je fasse le mal précisément en voulant faire le bien, il est tragique que je doive écraser la liberté d'un autre pour conquérir la mienne" (29)). Ainsi la dialectique bien-mal susceptible de résolution est écartée en faveur d'une dynamique de la tension entre principes contradictoires reposant sur un rapport de forces fondamentalement incompatibles. Selon cette optique, la culpabilité s'inscrit alors moins dans l'essence des forces que dans leur rapport l'une à l'autre.

Pourtant, la puissance contestataire *n'a pas les mêmes droits* au sens moral parce que la morale qui définit le terrain et les conditions de l'affrontement est une morale close dont les termes sont codifiés et déjà inscrits dans la psyché des dissidents mêmes. De plus, l'univers des puissances adverses est peuplé de pères tyranniques ou hypocrites et de gangsters sanguinaires. Le "retour à l'ordre", habituellement associé au dénouement tragique, se présente alors plutôt comme un retour au *désordre*. Le héros meurt non pas dans un processus d'expiation et de *catharsis* dont bénéficiera la communauté, mais dans la solitude du fait divers. Pris au piège de sa propre naïveté, le héros/l'héroïne est récupéré(e) finalement par une communauté en déclin.

Il faut insister sur l'image du piège, car la structure même des trois unités fonctionne comme un piège ontologique. C'est cette même structure qui permet de configurer, en termes spatio-temporels, l'"impasse insoluble" (Le Blanc) sur laquelle bute le héros ou l'héroïne et qui se présente ici sous la forme d'une mécanique, ou, plus précisément, sous la forme du *ressort*.[22] La concentration du temps et de l'espace se présente comme un piège qui se tend implacablement jusqu'au moment du déclic, c'est-à-dire de la catastrophe, mais qui reproduit une fatalité non pas tant transcendante qu'immanente. La fatalité qui s'abat sur le héros, en le renfermant brutalement, est une fatalité médiocre à la mesure de la société ambiante.

Ainsi le piège est-il bricolé pièce par pièce à partir de valeurs *non pas divines mais humaines*. La fatalité dans notre premier corpus ne s'assimile point à une force surnaturelle (extérieure à la communauté) qui donne la mort, mais plutôt à une force profane. Les relents du "petit catéchisme" dont parle Le Blanc refont surface dans "l'historio-hagiographie" visée par Grandmont ainsi que dans les apparences maintenues par la bourgeoisie hypocrite qui habite l'univers de Dubé. Chez Tremblay, un code capitaliste implacable écrase les marginaux et les défavorisés afin de mieux les exploiter. Tout cela résume bien la force du corps social qui détruit les siens et non pas celle de Dieu, car celui-ci s'est déjà retiré. Dans ce sens, l'architecture des pièces, au lieu d'"éloigner l'action du banal," la resserre davantage sur lui en reproduisant le piège qu'exerce le milieu, sans issue et sans rédemption.

---

[22]Il ne s'agit toutefois pas exactement de la <u>Machine infernale</u> décrite par Cocteau, où ce sont "les dieux" qui mettent en place le ressort "pour l'écrasement d[es] mortel[s]": ici la fatalité ne saurait être associée ni aux dieux, ni à Dieu.

Dans la société québécoise laïque du XXe siècle, la caution morale constituée par le surnaturel et qui justifiait la tragédie traditionnelle en légitimant les puissances conservatrices de l'ordre a disparu, mais une morale ouverte (fondée sur la liberté et la responsabilité) n'est pas en place. Autrement dit, le corps social détruit les siens mais au nom de "valeurs" non fondées ou frelatées.

D'autre part, les individus contestataires, dont l'univers tend à se définir en termes de morale ouverte, sont à la fois naïfs, puisqu'ils acceptent encore de placer le conflit sur le terrain de morales closes révolues, et timides, puisqu'ils n'osent pas ériger leurs valeurs en absolus, comme le font par exemple l'Oreste des <u>Mouches</u> de Sartre ou <u>Antigone</u>, l'héroïne d'Anouilh. Ainsi le rapport légitimité-illégitimité est brouillé: si les tenants du pouvoir récupérateur invoquent une légitimité à l'évidence illégitime, les contestataires n'osent affirmer avec force la légitimité de leur projet. Tout au plus dans la pièce/oratorio de Tremblay voyons-nous s'esquisser un triomphe posthume, une pompe funèbre qui définit un ordre en devenir — contrairement à la vision pieuse (Pietà) qui clôture <u>Un fils à tuer</u> ou à la récupération par des obsèques traditionnelles de la révoltée nihiliste dans <u>Au retour des oies blanches</u>.

Dans les trois dernières pièces de mon analyse, la tension légitimité-illégitimité s'exerce moins par la lutte de puissances adverses (héros vs société) qu'en faisant intervenir un processus de signification qui problématise davantage le statut du héros. Dans cette deuxième partie, les forces "d'ordre" sont gommées et la laïcisation assumée.

Dans la pièce de Dalpé, qui est en fait une pièce à la croisée des deux tendances, le chien fonctionne sur le mode du hiéroglyphe. À travers lui se lit la déchéance en puissance, "l'infestation de la mort dans la vie," qui à la fois fonde et détruit le geste héroïque. Mais, en même temps, le principe d'équivalence entre le père et le chien fait évoluer l'action dans un système analogue à celui des trois premières pièces, à savoir une dynamique dans laquelle un héros naïf mais foncièrement bon s'affronte à une société et s'abîme dans elle. Il s'agit d'une société irrémédiablement oppressive, incapable d'affirmer ses valeurs et sa légitimité sauf sous la forme de mémentos (les photos du grand-père au bureau de poste par exemple).[23] Se présentant comme un cercle restreint — comme la circonférence qui délimite l'espace du chien, attaché en permanence à la chaîne — cette société est associée à un lieu dont on ne peut sortir. La menace est donc double: d'une part, la déchéance physique et mentale qui risque de faire basculer l'être humain dans l'abject, d'autre part, la déchéance sociale (violence, alcoolisme, etc) qui peut le faire basculer dans l'amoral. Bien sûr, l'une entraîne indubitablement l'autre dans un mouvement de va et vient en cascade par lequel le sujet s'auto-détruit.

La confrontation légitime-illégitime intervient surtout au sein même de la notion de l'héroïsme; c'est dans l'univers de ce dernier que s'établit le conflit. L'ambivalence qui fait se côtoyer le légitime et l'illégitime, qui rapproche le geste héroïque du geste répréhensible, est la même qui plane sur la mise à mort du père/chien. En tentant de supprimer l'aliénation et la dégradation qui conduisent *in extremis* à l'abjection, donc en tentant de rendre, en principe, la vie à un autre, le héros finit par la lui enlever. À cet égard, nous sommes plus proches ici du tragique hégélien et de la faillibilité spécifiquement humaine qui échappe à la volonté des mieux intentionnés.

Dans La lumière blanche, les manifestations de l'héroïsme sont problématisées aussi dans et par un travail de signification; mais la pièce de Pelletier vise à l'élaboration d'une structure tragique au féminin, indépendante d'un modèle masculin du tragique. Dans la même démarche, elle met en scène l'exploration d'un héroïsme au féminin modulé non pas sur le victimaire, mais sur l'éthique (au sens fort, relevant de l'*éthos*) qui conjugue la valorisation de soi avec les rapports de force. Il s'agit d'un effort de légitimisation d'un ordre qui intégrerait les options traditionnelles ("institutionnelles") offertes aux femmes, telles que la prise en charge de la maternité

---

[23]Dans À toi, pour toujours, ta Marie-Lou de Tremblay, la photo sert de toile de fond, comme un rappel ironique de valeurs dérisoires (fidélité conjugale, amour etc.). Par contraste, dans Le chien, on ne voit plus les photos, mais on les emporte, de même qu'on ne voit pas les paysages ("pas disable") de l'Amérique visitée par le héros. Au reste les personnages qui pourraient être du côté du héros (adjuvants possibles) et expriment parfois sa révolte, comme la mère et Céline, sont pris dans la fragmentation, la réification et le "collage" d'images.

dans tous ses aspects, la mise en valeur de la beauté, ainsi que le développement de la "culture" et de l'intelligence en dehors de toute prétention au pouvoir.

Finalement l'héroïsme ici se réalise sur deux axes à la fois: d'une part, il prend naissance dans l'espace de l'*agôn*, lutte tantôt physique, tantôt juridique, qui suit ici la logique rhizomatique (épique) de la structure; d'autre part, il se développe dans l'espace des rôles et de leurs rapports, plus précisément dans celui de l'allégorie. Tout en injectant le temporel, et par extension l'histoire, dans l'allégorie (les trois personnages étant des personnifications de la beauté, de l'intelligence et de la maternité), Pelletier vise à complexifier et à humaniser, en leur conférant une présence charnelle, ces concepts-figures qui, sans cela, resteraient figées dans l'absolu ou renverraient à une mystification de "La Femme".

De plus, l'histoire en tant qu'"intelligence des faits" sur le plan de l'action rejoint l'"intelligence des significations" sur le plan de la représentation. Ainsi l'intelligence s'affirme comme le point nodal vers lequel convergent les deux axes de l'action et de l'*éthos*.

Or, si le temps, au même titre que l'intelligence, ou, en termes de tragédie, la connaissance, permet de bouger les universaux, il le fait au prix d'un abandon de leur intégrité formelle. D'ailleurs, Walter Benjamin l'a très bien vu: le temps introduit nécessairement l'érosion — dans le domaine du sens aussi bien que dans le domaine des choses. D'une façon analogue, la connaissance, si elle sous-tend l'évolution de l'être vers "ce qui fait sens", corrode en même temps les significations établies. Ainsi la connaissance, comme le temps, s'apparentent très souvent à la transgression et donc à un processus illégitime.

D'une manière comme de l'autre, les personnages-allégories souffrent du passage à la temporalité et à la connaissance. Si crime il y a, il réside là, dans la métamorphose opérée par la prise de conscience (et prise de "connaissance"), et dans le fait que deux des trois protagonistes, lesbiennes, se définissent dans une relation en dehors de la *doxa;* en outre, le jeu des trois personnages se produit dans le Désert de la Grande Limite, c'est-à-dire en dehors de la société et de ses conventions établies, mais aussi en dehors des conventions du genre. En dehors de la Loi, en dehors de la tragédie aussi, dont le paradigme était établi par Œdipe roi, les trois femmes sont des hors-la-loi, des êtres illégitimes. Il n'en reste pas moins que le triangle établit la base d'un ordre, et donc d'une légitimité, fût-elle rhizomatique et immanente.

Chez Chaurette, par contre, il semble que l'opposition légitimité-illégitimité ne permette plus d'établir un schème explicatif qui rattacherait la pièce à la tragédie classique, quels que soient les aménagements apportés au modèle. On pourrait même dire que le mécanisme est menacé de blocage, de panne. Mais c'est précisément le processus de son court-circuit paradoxalement interminable qui fascine; on ne saurait dire si les fragments de la lettre d'adieu sont légitimes ou non."Mais, comment définir l'illégitime si l'on ne peut plus définir le légitime? Le désarroi sémantique traduit un désarroi plus profond chez l'être humain qui cherche à déchiffrer son univers afin de pouvoir s'y situer. Ainsi, au centre de la pièce de Chaurette s'accuse un malaise qui dépasse les spécificités socio-historiques du Québec pour déboucher sur les questions qui participent d'une herméneutique plus vaste de la modernité (ou de la post-modernité). Autrement dit, l'échec de la représentation qui caractérise l'âge post-moderne s'étend à l'échec du discours légitime (scientifique et juridique) qui n'arrive plus à signifier, à faire du sens et à cautionner un ordre.

Dans les pièces examinées dans "le premier corpus", et même dans celles de Dalpé et de Pelletier, la tension légitime-illégitime débouchait sur une réflexion mettant en cause l'ordre du monde, ce qui rendait précaire leur statut en tant que tragédies. Si, comme le prétend Lionel Abel, la tragédie "glorifie la structure du monde" par son retour à une harmonie pré-existante, les tragédies québécoises étudiées ici semblent faire le contraire: l'ordre du monde est corrompu, et le retour à cet ordre, qui est en fait désordre, signale un échec cuisant. L'effet purificateur généralement associé à la tragédie est donc absent, ce qui évoque plutôt le désespoir sans *catharsis* du théâtre de l'absurde ou de ce que Domenach appelle l'infra-tragédie, la tragédie qui se produit à l'intérieur d'une société postmoderne agonisante. Mais dans la pièce de Chaurette, ce n'est plus seulement la légitimité des instances conflictuelles constituant l'énoncé tragique, mais la légitimité même des procédures énonciatives (rapport, testament, archéologie du savoir), qui est en cause. Est-ce à dire que ces fragments de "lettre d'adieu" sont une façon, en prenant congé du modèle tragique, de faire de cet abandon même un moteur tragique, celui de la déréliction.

LE REGARD DÉTOURNÉ

Entre les pièces les plus anciennes de notre corpus et les pièces plus récentes, on peut observer une tendance qui part d'une esthétique réaliste, mais qui s'en détache graduellement pour aller vers un plus grand degré d'abstraction, aboutissant finalement à l'"anti-spectacle" des <u>Fragments d'une lettre d'adieu</u>. À la lumière de cette perspective évolutive, il y a lieu de s'interroger sur le rapport entre le changement esthétique et les particularités du théâtre comme genre. Plus explicitement, quel est le rapport entre cette abstraction croissante et le spectacle?

Dans les pièces de Grandmont, Dubé et Tremblay, le souci de reproduire sur scène un univers dramatique réaliste prend en charge le regard du spectateur. Il vise à une coïncidence entre ce que le spectateur considère comme vrai ou réel et l'élaboration des codes du spectacle. On pourrait donc dire que la relation qui existe, du point de vue visuel, est celle de l'extériorité. Les objets présentés et les êtres qui évoluent sur scène doivent donner l'*apparence* d'une tranche de vie, même si la vie est aussi marginale que celle d'une chanteuse "western" dans les bars "gais" de la Main.

Dans les pièces de Dalpé, Pelletier et Chaurette, par contre, le rapport visuel avec le spectateur est fondé de plus en plus nettement sur l'intériorité, sur une minimisation radicale des éléments visuels de la mise en scène. Plus l'abstraction est grande, plus la place accordée au travail de l'imaginaire est grande. On voit s'annoncer chez Dalpé cette minimisation du "réel" et ce rappel à l'imaginaire qui cependant chevauche en quelque sorte les deux tendances. La mise en scène lourdement métaphorique des trous et de la boue récupère le réalisme; mais c'est en projetant les éléments dans une espèce de hyper-réalisme qu'elle rehausse la préoccupation avec le corporel et l'abject. Le décor métaphorise ainsi la corruption qui ronge l'entourage et même le héros, de l'intérieur, comme un cancer.

Une préoccupation analogue se poursuit dans les pièces de Pelletier et Chaurette. Chez Pelletier, on s'éloigne du réalisme par le biais de l'allégorie et du mythe (sans parler du minimalisme scénique), mais cette distanciation comporte un paradoxe: une plus grande abstraction enclenche une plus grande matérialité. Dans La lumière blanche le corps féminin agissant, luttant, pleurant, et enfin se désintégrant, devient un topos crucial. Chez Chaurette, le jeu entre matérialité et abstraction s'exerce de façon analogue mais en prenant encore plus de relief; l'énorme degré d'abstraction n'a d'égal que l'immense fascination pour le corps qui se perd.

D'un côté, l'extériorité inhérente au réalisme semble provenir d'une volonté de rejoindre le spectateur par le regard, tandis que l'intériorité qui caractérise les pièces plus récentes et plus abstraites fait appel à une visualisation d'ordre imaginaire et donc interne.

Qu'est-ce que tout cela signifie sur le plan du tragique? La réponse se trouve dans un concept très difficile à cerner, mais incontournable: la fatalité. Cependant, le repertoire considéré ici marque un changement radical par rapport aux tragédies classiques (grecques), néo-classiques (françaises), romantiques ou même modernes. Dans tous ces cas, la fatalité peut se définir en termes transcendants, qu'elle soit évoquée en fonction d'un Dieu caché, de dieux jaloux délégant des personnages chargés de la représenter (les Erynnies) ou de la traduire (les sorcières de Macbeth, le mendiant de l'Electre de Giraudoux), voire d'une "béance scénique" (l'entr'acte dans l'Orphée de Cocteau). Mais ici ni la fatalité, ni sa forme focalisée, le destin, ne sont transcendantes ni même externes. L'inclusion *dans* la présentation dramatique de la fatalité et du destin incite bien des critiques à rejeter les pièces où elle a lieu comme non tragiques puisqu'ils s'attendent à une résolution cathartique fondée sur la transcendance. Lionel Abel a même proposé le terme de métathéâtre, qu'il distingue de la tragédie, pour désigner un tel corpus. Il y a là un problème théorique très important qui ne saurait être étudié sérieusement dans le cadre de la présente étude.

Dans le premier groupe de pièces étudiées, la fatalité est d'ordre immanent, circonscrite par une très grande rigueur structurale (héritée de modèles tragiques traditionnels), et se présentant à travers des contraintes idéologiques et sociales qui en font le miroir d'une société en crise. Dans les pièces du deuxième groupe, la fatalité s'établit dans une immanence encore plus poussée — non plus dans le tissu social délimité dans le temps et l'espace, mais dans le tissu du corps même des êtres qu'elle investit ici et maintenant (Dalpé, Pelletier) et même ailleurs et autrefois (Chaurette).

De plus, dans un groupe comme dans l'autre, le théâtre se présente comme une quête. On se souvient du travail de Le Blanc qui démultiplie la tragédie québécoise à partir d'un ensemble de critères très utiles. Outre la dissolution de la famille et la crise de valeurs qui semblent la caractériser, la tragédie québécoise doit viser, selon lui, une densité humaine des personnages et une portée universelle du conflit et de l'action. De plus, sur le plan métaphysique, elle doit constituer une "interrogation du Dieu muet et absent" ainsi qu'un "corps à corps" avec l'absurdité ou avec la fatalité qui, à la fin, trouve son "aboutissement logique dans l'impasse tout à fait insoluble et démesurée." Retenons la fonction d'"interrogation". Pour les premières pièces de notre corpus, l'interrogation fonctionne avant tout comme une quête du regard — celui du spectateur, certes, mais aussi, de façon plus subtile et plus problématique, celui d'un Dieu à la fois muet est absent d'abord, et même à terme, car, dans le deuxième corpus, dans les pièces de Chaurette et de Pelletier, il y a la quête d'une autre instance susceptible de faire sens dans un univers qui n'est plus que désert ou mémoire de ruines. En fait, l'interrogation implicite dans cette partie est moins celle de Lukács ("Peut-il vivre, celui sur lequel est tombé le regard de Dieu?" (L'âme et les formes 246) que: "Peut-il vivre, celui ou celle sur qui *n'est pas tombé* le regard de Dieu?" ou encore "Peut-on vivre si on ne possède plus les moyens ou les forces pour donner un sens à la fatalité implacable et ainsi la transformer?" voire "Peut-il vivre celui chez qui les traces de sens sont conjecturales?" Au reste la question de la mort elle-même (inéluctable) doit être comprise comme celle du rapport à la mort.

Dans les pièces de la deuxième partie du corpus, la quête a changé subitement de direction. Dans le phénomène d'intériorisation qui accompagne à la fois le minimalisme diégétique et esthétique, et la corporalité exacerbée, la quête se tourne non plus vers l'infini mais vers l'infime. Sauf que là aussi, la fatalité a changé, elle aussi, de lieu. Le mal de notre siècle, ce n'est plus le Mal ("m" majuscule) mais la maladie; c'est la défaillance du corps vidé de signification, en mal d'immanence: "(...) l'apparition du SIDA a été ressentie comme une forme de fatalité nouvelle, amèrement propice à un sentiment tragique de la condition humaine" (Lazaridès 41).

Dans les failles de la religion s'affrontent toujours le pur et l'impur, le légitime et l'illégitime, mais la matérialité du corps et le surgissement de l'écriture prennent le relais d'un regard transcendant. L'immanence de la fatalité ou du destin finit par s'inscrire dans la parole. L'opposition sémantique qui sous-tend le conflit se désintègre à vue d'oeil.

Nous voilà donc au coeur de la tragédie québécoise et canadienne-française — à sa "poétique du tragique", pour ainsi dire. La tragédie québécoise et canadienne-française, comme le *Trauerspiel* allemand d'ailleurs, a sa source véritable non pas dans la tragédie grecque mais dans le théâtre du Moyen Âge. C'est le mystère qui est ici à la base comme principe de la tragédie, et non pas la fusion de l'apollinien et du dionysien identifiée par Nietzsche comme l'élément principal de la tragédie attique.

Le mystère ne postule pas de fatalité, au contraire: à sa place on a la Providence. La fatalité qui s'est ainsi substituée à la Providence relève bien alors du tragique, mais elle est à son tour dénuée de "polarisation" transcendante. Dieu est absent, l'Histoire elle-même dépourvue de pouvoir de justification.[24] L'*éthos* tragique se trouve du coup teinté d'absurde. On est donc en présence d'un mystère (forme théâtrale) en voie de laïcisation inachevée et très proche de l'infra-tragédie décrite par Domenach. Mais livrés à l'immanence, les personnages, pour faire face à l'insondable et au déconcertant ("inquiétante étrangeté", mystères du monde) ne peuvent plus avoir recours qu'à des réseaux rhizomatiques. Ces réseaux prennent la forme de communautés de "gens du spectacle" chez Tremblay, de familles regroupant plusieurs générations chez Dalpé, ou se constituent par la rencontre de femmes chez Pelletier et une commission de scientifiques chez Chaurette. Au sein même de ces groupes, il faut faire face à la violence, à l'injustice, à l'oppression, à l'incompréhension; le mystère, l'angoisse tragique se retrouvent ironiquement inscrits dans les ressources mêmes qui permettraient de lutter contre eux: le chant, le souvenir, la connivence charnelle, la communication.

Bien souvent la lutte s'accomplit sur le mode du désir sexuel et du fusionnel. Sous ce rapport, la notion de polarisation du sacré haut-sacré bas doit être redéfinie, car elle s'exerce paradoxalement dans le rhizomatique, au sein même du réseau, bref dans l'immanence. C'est pour cette raison que les "jugements" de Torregrossa dans la pièce de Pelletier et des géologues dans la pièce de Chaurette ne peuvent aboutir, car on ne sait plus si l'accusé est coupable ni même qui est l'accusé. Autrement dit, le sacré est inhérent au quotidien, et il se produit moins sur le mode du tabou que sur le mode de la perte et de la tristesse.

Toujours dans le contexte des réseaux, le "réseau" minimal est le couple. Par "couple" on peut entendre, d'ailleurs, tout regroupement (père/fils ou père/fille, mère/fille ou mère/fils; amant/amante ou amante/amante et ainsi de suite, voire même chef d'une mission et ses collaborateurs comme un ensemble). Mais quelle que soit la combinaison, le couple est déchiré non par un malentendu, mais par la tension

---

[24]Quand l'Histoire offre un sens, on a un autre type de pièce québécoise, optimiste, comme Les grands soleils de Jacques Ferron. Ce sens de l'Histoire est toutefois souvent brouillé, et les parodies qui en résultent peuvent invoquer l'ironie comme dans Un pays dont la devise et "je m'oublie" de Jean-Claude Germain ou Vie et mort du roi boiteux de Jean-Pierre Ronfard.

entre le sacré et le profane.

La conscience de ce problème n'est pas limitée à la dramaturgie: ce que Nepveu écrit à propos de l'oeuvre de Saint-Denys Garneau s'applique curieusement bien à notre corpus, surtout quand il parle de l'avènement de la modernité. Selon lui, toute l'oeuvre poétique de Garneau serait fondée sur:

> (...) une découverte du père mort, une tentative pour occuper sa place, pour assumer en fils déchu et indigne toute l'irrémédiable solitude du père, là où le religieux ne se vit plus que comme l'expérience du «trou dans notre monde», et où l'aventure moderne commence, problématique, lucide, conquérante et pourtant abîmée dans un étrange sentiment du néant. (76)

On pourrait dire que le héros ou l'héroïne du mystère[25] (qui peut être démultiplié et reconstruit en réseau, comme dans le cas de la pièce de Pelletier) s'abîme dans "un étrange sentiment du néant."

Finalement, le néant a plusieurs noms et une multiplicité de formes. Chez Chaurette, c'est "un voyage qui devient un immense trou de mémoire si on le rate" (35); chez Dalpé, c'est l'abject du corps sans âme qu'est le chien; chez Pelletier, c'est le sanglot infini des femmes quand on ne l'entend point; chez Tremblay, c'est la paralysie douloureuse qui nous traverse, nous le corps du choeur; chez Dubé, c'est la déchéance d'une société moderne qui se détruit de l'intérieur, chez Grandmont c'est un ciel vacant, qui n'empêche plus, comme il le faisait autrefois, le meurtre du fils par le père.

La tragédie québécoise et franco-ontarienne fait appel, en fin de compte, à une poétique hybride, à une nouvelle idée du tragique. Cette production tient du mystère, avec sa fascination pour la dualité corps-âme, et l'idée du crime comme transgression obscure, presque discrète, plus proche de la culpabilité du péché originel que de la faute tragique de la démesure. Mais cette culpabilité n'a ni cadre

---

[25]Selon Benjamin, citant Rosenweig, le héros moderne c'est nul autre que le saint: "La tragédie des saints est la secrète nostalgie de l'auteur tragique (...) (119).

providentiel ni espoir de grâce et de "reprise" par un jugement dernier. Elle est ici et maintenant. Elle tient de la tragédie de par la violence qu'elle évoque, comme de par la transformation de la providence en fatalité ou destin. Néanmoins le héros/l'héroïne de cet avatar du mystère est toujours déjà un saint illégitime.

Enfin, la tragédie québécoise et franco-ontarienne tient du théâtre moderne la conscience du soi ("self-consciousness") qui s'exprime tantôt sous forme d'ironie (comme chez Grandmont, Dubé et Tremblay), tantôt sous forme de métathéâtre (comme chez Pelletier et, à un degré moindre, chez Dalpé et Chaurette). Elle met en scène un processus de métamorphose paradoxal, à la fois dégradation et affirmation, enclenché très souvent par un procès.

En effet, le procès, ou ses doubles, joue partout un rôle prépondérant. Chez Dubé il prend la forme du jeu de la vérité; chez Pelletier, il est mis en scène sous la forme d'un tribunal dont les trois pôles (accusée/ accusatrices/juges) se recombinent trois fois; et chez Chaurette il prend la forme de la commission d'enquête. Dans les autres pièces, le schéma du tribunal est moins évident mais son élément constitutif, l'*agôn* (lutte discursive ou lutte physique selon le cas) n'est pas moins essentiel. Toutefois, malgré le cadre du procès qui normalement cautionne la recherche de la vérité, les incertitudes au sein de l'énonciation se multiplient; les accusations se brouillent et la pulsion d'interrogation qui anime les héros/héroïnes finit par précipiter la fin. On peut dire, en fait, que l'interrogation devient le signe même de la chute.

OUVRAGES CITÉS

A. «À propos de théâtre.» La semaine religieuse du Québec 18.18 (16 décembre 1905). 277.
ABEL, Lionel. Metatheatre; a new view of dramatic form [première édition]. New York: Hill and Wang [1963].
«Anamorphose.» Le grand Larousse encylopédique. Paris: Librairie Larousse, 1960.
ANOUILH, Jean. Antigone. Les Éditions de la Table ronde. Paris: Didier, 1964.
ARISTOPHANE. Lysistrata. Adaption de Michel Tremblay et André Brassard. [Montréal]: Leméac, 1994.
ARISTOTE. La poétique. Texte, traduction et notes par Roselyne Dupont-Roc et Jean Lallot. Collection Poétique. Paris: Seuil, 1980.
ARTAUD, Antonin. Le théâtre et son double. Collection Idées. [Paris]: Gallimard, 1964.
ATWOOD, Margaret. Survival. Toronto: Anansi, 1972.
BALTRUŠAITIS, Jurgis. Anamorphoses ou magie artificielle des effets merveilleux. 1955. [s.l]: Olivier Perrin Éditeur, [1969].
BARBARO, Daniele. La pratica della perspettiva. Venise: Arnaldo Forni Editore, 1569. 159-161.
BARTHES, Roland. Le plaisir du texte. Collection «Tel Quel». Paris: Seuil, 1973.
---. Sur Racine. «Le club français du livre» 1960. Collection «Points». Paris: Seuil, 1963.
BAUDRILLARD, Jean. Simulacres et simulation. Paris: Galilée, 1981.
---. La transparence du mal. Essai sur les phénomènes extrêmes. Paris: Galilée, 1990.
de BAUGY, «Journal d'une expédition contre les Iroquois en 1687.» Documents réunis par Ernest Serrigny. Paris: Ernest Leroux, éditeur, 1883. Appendice à Un fils à tuer d'Éloi de Grandmont. Montréal: Éditions de Malte, 1950. 94-99.
BAYER, Raymond. «L'émotion tragique: sa nature et ses conséquences pour l'architecture scénique.» Architecture et dramaturgie.Coll.Bibliothèque d'esthétique. Paris: Flammarion, 1950. 31-59.
BECKETT, Samuel. L'innommable. Paris: Minuit, 1953.
BÉLANGER, France et Raymond Paul. «Famille et fatalité chez Michel Tremblay: la filiation tragique.» Cahiers de théâtre Jeu 68 (1993): 47-56.
BENJAMIN, Walter. Ursprung des deutschen Trauerspiels.1928. Frankfurt am Main: Suhrkamp Verlag, 1963.
---. The Origin of German Tragic Drama.Traduction de l'allemand par John Osborne. London: NLB, 1977.

---. Origine du drame baroque allemand.[1925] [Traduit par Sibylle Muller]. Paris: Flammarion, 1985.
BÉRAUD, Jean. 350 ans de théâtre au Canada français. Coll. «L'Encyclopédie du Canada français» 1. [Montréal]: Le Cercle du livre de France, 1958.
BLAIS, Marie-Claire. l'exécution, pièce en deux actes. Montréal: Editions du Jour, [c. 1968].
BOUCHARD, Michel Marc. Les feluettes ou la répétition d'un drame romantique. [Montréal]: Leméac, 1987.
BOUCHER, Denise. Les fées ont soif. [Montréal]: intermède, [c. 1978].
BRECHT, Bertolt. Die Dreigroschenoper. 1928. Die Stüke von Bertolt Brecht in eineme Band. Frankfurt am Main, 1978. 165-202.
BRISSENDEN, Connie. «Up the New!» Canadian Literature 59 (1974):111-13.
Cahiers de la nouvelle compagnie théâtrale 9.1 (octobre 1974):26.
CHAURETTE, Normand. Fragments d'une lettre d'adieu lus par des géologues. Montréal: Leméac, 1986.
---. Provincetown playhouse, juillet 1919, j'avais 19 ans. Montréal: Leméac, 1981.
CIXOUS, Hélène. «La Communion des douleurs.» Les Atrides: Iphigénie à Aulis, Agamemnon. Par le Théâtre du Soleil. Paris: [sans maison d'édition], 1992. [sans pagination].
COCTEAU, Jean. Oeuvres complètes. [Genève]: Marguerat, [1946-1951].
Collectif. La nef des sorcières. [s.l]: Quinze, 1976.
CORNEILLE, Pierre. Oeuvres complètes tome 1. Bibliothèque de la Pléiade. [Paris]: Gallimard, 1980.
DALPÉ, Jean Marc. Le chien. 1987. Deuxième Édition. Sudbury: Prise de Parole, 1990.
---. Eddy: pièce en cinq actes. Ville St. Laurent: Boréal, 1994.
---. Les murs de nos villages. Sudbury: Prise de Parole, 1980.
DALPÉ, Jean Marc et Brigitte HAENTJENS. Hawkesbury blues. Sudbury, Ontario: Prise de Parole, 1982.
DESMEULES, Georges. «*Sainte Carmen de la Main* de Michel Tremblay.» Dictionnaire des oeuvres littéraires du Québec. Tome VI 1976-1980. Montréal: Fides, 1994. 723-726.
DELEUZE, Gilles et Félix GUATTARI. Capitalisme et schizophrénie: L'anti-œdipe. Paris: Minuit, 1972.
---. Rhizome: introduction. Paris: Minuit, c. 1976.
DELISLE, Jeanne-Mance. Un reel, ben beau, ben triste. Montréal: Éditions de la Pleine Lune, 1980.
DERRIDA, Jacques. La dissémination. Collection «Tel Quel». Paris: Seuil, 1972.
DOMENACH, Jean-Marie. Le retour du tragique. Paris: Seuil, 1967.
DORSINVILLE, Max. «The Changing Landscape of Drama in Quebec.» Dramatists in Canada: selected essays. Sous la direction de William H. New. Vancouver: University of British Columbia Press, 1972. 179-195.

DORT, Bernard. «Est-il une tragédie au XXe siècle?.» in «Tragédie.» Encyclopaedia universalis Corpus 18 (Paris: 1985): 141-146.
DOUCEY, Bruno et al. Littérature. Ville LaSalle (Québec): HMH Hurtubise, 1994.
DUBÉ, Marcel. Au retour des oies blanches. [Montréal]: Leméac, c. 1969.
---. Un simple soldat. [Version originale: 1958]. Version nouvelle. Montréal: Éditions de l'Homme, [1967].
DUBÉ, Yves. «Being at home with René-Daniel Dubois (...).» Being at home with Claude. De René-Daniel Dubois. Montréal: Leméac, 1986.
DUBOIS, René-Daniel. Being at home with Claude. Montréal: Leméac, 1986.
DUCHEMIN, Jacqueline. L'ΑΓΩΝ dans la tragédie grecque. Paris: Société d'édition «Les Belles Lettres», 1945.
DURAND, Gilbert. Les structures anthropologiques de l'imaginaire. [sans lieu]: Bordas, 1969.
DURAS, Marguerite. Le vice-consul. [Paris]: Gallimard, 1966.
EAGLETON, Terry. Literary Theory: an introduction. Minneapolis: University of Minnesota Press, c. 1983.
ELIADE, Mircea. Le sacré et le profane. Traduction de «Das Heilige und das Profane,» 1957. Paris: Gallimard, 1965.
EURIPIDE. Les bacchantes. Introduction et traduction par Jeanne Roux. Paris: Société d'Édition «Les Belles Lettres», 1970.
FERRON, Jacques. Les grands soleils. [Montréal]: Éditions d'Orphée, [1958].
FLETCHER, Angus. Allegory: The Theory of a Symbolic Mode. Ithaca, New York: Cornell University Press, 1964.
FOUCAULT, Michel. Surveiller et punir: naissance de la prison. [Paris]: Gallimard, [1975].
FRANCOEUR, Louis. «Le théâtre québécois: stimulation ou communication?» Voix et images 1.2 (1975): 220-240.
FRYE, Northrop. Anatomy of Criticism. Four essays. 1957. Princeton, New Jersey: Princetown University Press, 1973.
---.The Bush Garden; essays on the Canadian imagination. [Toronto]: Anansi, [1971].
GABEL, Joseph. Sociologie de l'aliénation. Paris: Presses Universitaires de France, 1970.
GAGNON, Dominique, Louise LAPRADE, Nicole LECAVALIER, Pol PELLETIER. À ma mère, à ma mère, à ma mère, à ma voisine. Montréal: Les Éditions du remue-ménage, 1979.
GAGNON, Lysiane. «Void left by the collapse of Catholicism remains unfilled.» The Globe and Mail 4 mai 1996. D3.
GARNEAU, Michel. Quatre à quatre. Montréal: l'Aurore, [1974].
GAUVREAU, Claude. Oeuvres créatrices complètes. Ottawa: Parti pris, [1977] c. 1971.
GÉRIN-LAJOIE, Antoine. Le jeune Latour: tragédie canadienne en trois actes. Montréal: [s.n], [1845].

GERMAIN, Jean-Claude. A Canadian play/ une plaie canadienne. Montréal: VLB Éditeur, c.1983.

---. *Diguidi diguidi ha ha* suivi de *Si les Sansoucis s'en soucient, ces Sansoucis s'en soucieront-ils? Bien parler c'est se respecter!* [Montréal]: Leméac, [1972].

---. Un pays dont la devise est je m'oublie. Montréal: VLB, 1976.

GIEHLOW, Carl. «Dürers Stich *Melencolia I* und der Maximilianische Humanistenkreis.» Mitteilungen der Gesellschaft für verveilfältigende Kunst: Beilage der *Graphischen Künste* 27. Vienne: 1904. 78.

GOBIN, Pierre, B. «Donner une voix au pays occulté: la dramaturgie de Jean Marc Dalpé et les Franco-Ontariens.» Le renouveau de la parole identitaire. Jeanne-Marie CLERC et Mireille CALLE-GRUBER, éds. Kingston/ Montpellier: Queen's University/Université Paul Valéry.Centre d'études littéraires françaises du XXe siècle, 1993. 233-252.

---. Le fou et ses doubles: figures de la dramaturgie québécoise. Montréal: Les Presses de l'Université de Montréal, 1978.

---. «*IGITUR*: idée de la tragédie et tragédie de l'idée.» Aux sources de la vérité du théâtre moderne. Sous la direction de J.B. Sanders. Actes du colloque de London (Canada). Lettres modernes. Paris: Minard, 1972. 13-33.

---. «Pour une analyse hétérologique de la dramaturgie québécoise.» L'annuaire théâtral (automne 1988/printemps 1989): 399-419.

---. «La sotie démultipliée.» Voix et images 6.2 (hiver 1981): 205-220.

GOLDMANN, Lucien. Le dieu caché. [Paris]: Gallimard, 1955.

GOUX, Jean-Joseph. Oedipe philosophe. La psychanalyse prise au mot. [s.l.]: Éditions Aubier, 1990.

de GRANDMONT, Eloi. Un fils à tuer. Montréal: Éditions de Malte, 1950.

GRIMAL, Pierre. Le théâtre antique. Coll. «Que sais-je?» Paris: Presses Universitaires de France, 1978.

GURIK, Robert. Hamlet, prince du Québec; pièce en deux actes. Montréal: Éditions de l'Homme, [1968].

HALLYN, Fernand. «Holbein: La mort en abyme.» Romanica Gardensia XVII (Onze études sur la mise en abyme) (1980): 165-181.

HAMBLET, Edwin. «Le Monde clos: Dubé et Anouilh.» Dramatists in Canada; Selected Critical Essays. Sous la direction de William H. New. Vancouver: University of British Columbia Press, 1972. 151-4.

---. Marcel Dubé and French-Canadian Drama. New York: Exposition Press, 1970.

HAMEL, Charles. «Retour au classicisme. *Un fils à tuer*. Drame en 5 actes d'Éloi de Grandmont.» Le Canada. 17 septembre 1949.

HAMON, Philippe. «Pour un statut sémiologique du personnage.» Littérature 6 (mai 1972): 86-110.

HÉBERT, Chantal. Le burlesque québécois et américain. Québec: Presses de l'Université Laval, 1989.

HEGEL, G.W.F. Esthétique. Tomes 1 et 2. Paris: Éditions Aubier-Montaigne, 1964.

HEILMANN, Robert Bechtold. Tragedy and Melodrama. Seattle and London: University of Washington Press, 1968.
IONESCO, Eugène. Théâtre complet. Édition présentée et annotée par Emmanuel Jacquart. Paris: Gallimard, 1991.
JACQUES, Henri-Paul. «Préface.» Au retour des oies blanches. Par Marcel Dubé. [Montréal]: Leméac, 1969.
KARCH, Pierre-Paul et Mariel O'NEILL-KARCH. «Le destin tragique de l'homme dans *l'Exécution* de Marie-Claire Blais.» Archives des lettres canadiennes. Le théâtre canadien-français tome 5. Montréal: Fides, 1976. 637-645.
KINTZ, Linda. The Subject's Tragedy. Political Poetics, Feminist Theory, and Drama. Ann Arbor: The University of Michigan Press, 1992.
KNOX, Bernard, éd. The Three Theban Plays. Traduit par Robert Fagles. New York, N.Y.: Penguin Books, 1984.
KOTT, Jan. The Eating of the Gods. Traduit par Edward Czerwinski. Evanston, Illinois: Northwestern University Press, 1987.
KRISTEVA, Julia. Pouvoirs de l'horreur: essai sur l'abjection. Paris: Seuil, 1980.
---. «Stabat Mater.» Histoires d'amour. Paris: Éditions Denoël, 1983. 225-247.
LABERGE, Marie. *L'homme gris*; suivi de *Eva et Evelyne*. Montréal: VLB, 1986.
LACAN, Jacques. Le séminaire livre XI: les quatre concepts fondamentaux de la psychanalyse. Paris: Seuil, 1973. 75-84.
LALONDE, Michèle et al. «Le mythe du père dans la littérature québécoise.» Interprétation 3.1 et 3.3(janvier-juin 1969): 215-226.
LAFLAMME, Jean et Rémi TOURANGEAU. L'église et le théâtre au Québec. Montréal: Fides, 1979.
LANGUIRAND, Jacques. Klondyke. Ottawa: Le Cercle du Livre de France, 1971.
LAZARIDÈS, Alexandre. «Tragique et tragédie.» Cahiers de théâtre JEU. 68 (1993): 31-45.
LE BLANC, Alonzo. «Y a-t-il une tragédie québécoise?» Le Théâtre au Québec 1950-1972. Nord 4-5 (automne 1972-hiver 1973): 93-110.
LEWIS, C. S.. The Allegory of Love. Oxford: Oxford University Press, 1936.
LUKÁCS, Georges. Histoire et conscience de classe, essais dedialectique marxiste. Traduction de Geschichte und Klassenbewusstsein par Kostas Axelos et Jacqueline Bois. Paris: Éditions de Minuit, 1968 [c. 1960].
---. «Métaphysique de la tragédie: Paul Ernst.» L'âme et les formes. Traduction, notes introductives et postface de Guy Haarscher. Paris: Gallimard, 1974.
---. Die Seele und die Formen.Berlin: Fleischel, 1911.
de MAN, Paul. «The Rhetoric of Temporality.» Interpretation. Theory and Practice. Charles Singleton éd. Baltimore: Johns Hopkins Press, 1969. 173-209.
MAILHOT, Laurent. «Chapitre 3: Deux saisons dans la vie de la Nouvelle-France: *Un fils* (ou un père) *à tuer*.» Théâtre québécois. Laurent Mailhot et Jean-Cléo Godin, éditeurs. Nouvelle édition en deux tomes, tome 1. Collection «Bibliothèque Québécois.» [Montréal]: Hurtubise HMH, 1988. 65-84.

MAÎTRE, Manuel. «*Au retour des oies blanches*, un mélo qui frise la tragédie.» La patrie 30 octobre 1966. 58.
MALTAIS, Murray. «La tragi-comédie des *Belles-Soeurs* de Tremblay.» Le droit. 3 juillet 1971, p.13.
MARCOTTE, Gilles. «*Un fils à tuer* d'Éloi de Grandmont.» Le devoir, 28 octobre, 1950. 9.
de MONTHERLANT, Henri. Théâtre. Bibliothèque de la Pléiade. [Paris]: Gallimard, 1954.
MOREL, Jacques. La tragédie. Collection U. Paris: Librairie Armand Colin, 1964.
MURRAY, Timothy C. «A Marvelous Guide to an Anamorphosis: Cendrillon ou la petite pantoufle de verre.» Modern Language Notes 91 no 4-6 (1976): 1276-1295.
NANCY, Claire. «La Femme tragique.» Du féminin. Textes réunis par Mireille Calle. Collection Trait d'union. Sainte Foy: Le Griffon d'argile, 1992. 141-165.
NEPVEU, Pierre. L'écologie du réel: mort et naissance de la littérature québécoise contemporaine. Montréal: Boréal, 1988.
NIETZSCHE, Friedrich. Die Geburt der Tragödie aus dem Geiste der Musik. 1871. Frankfurt am Main: Insel Verlag, 1987.
---. La naissance de la tragédie. Traduit de l'allemand par Geneviève Bianquis. Paris: Gallimard, 1949.
---. The Birth of Tragedy Or: Hellenism And Pessimism. (Traduction de Die Gebürt der Tragödie) Basic Writings of Nietzsche. Traduction et commentaires par Walter Kaufmann. New York: The Modern Library/Random House, 1966, 1967, 1968.
OUELLETTE, Michel. French Town. Ottawa: Les Éditions du Nordir, 1994.
O'NEILL-KARCH, Mariel. Théâtre franco-ontarien: espaces ludiques. Vanier (Ontario):: L'Interligne, 1992.
PAQUET, André. «Les origines du théâtre au Canada.» Le Canada français 32.2 (octobre 1944): 99-119.
PARÉ, François. «La dramaturgie franco-ontarienne: la langue et la Loi.» Cahiers de théâtre JEU 73 (décembre 1994): 28-34.
PASCAL, Blaise. Pensées et opuscules. Introduction, notice et notes par Léon Brunschvicq. Paris: Hachette, [1963].
PAVIS, Patrice. Dictionnaire du théâtre. Paris: Messidor/Éditions sociales, 1987.
PELLETIER, Pol. Joie. Montréal: Éditions du remue-ménage, 1995.
---. La lumière blanche. Montréal: Les éditions Les Herbes rouges, 1989.
POIRION, Daniel. «Allégorie» Encyclopaedia universalis Corpus 1 (1985): 803-806.
PONTAUT, Alain. «Le Tragique de Michel Tremblay.» L'Incunable (décembre 1984): 34-37.
PROUST, Françoise. Point de passage. Paris: Editions Kimé, 1994.
RACINE, Jean. Phèdre. 1677. Classiques Larousse. Paris: Librairie Larousse, 1933.
REMILLARD, Jean-Robert. Cérémonial funèbre sur le corps de Jean-Olivier Chénier. Montréal: Leméac, 1974.

REWA, Natalie. «Garrison Theatre.» The Oxford Companion to Canadian Theatre. Sous la direction de Eugene Benson et L.W. Conolly. Toronto, Oxford, New York: Oxford University Press, 1989.

RICARD, André. La longue marche dans les avents. [Montréal]: Leméac, c.1984.

ROBERT, Lucie. «Réflexions sur trois lieux communs concernant les femmes et le théâtre.» Revue d'histoire littéraire du Québec et du Canada français 5 (le théâtre) (hiver-printemps 1983): 75-88.

de ROCHEMONTEIX, Camille. Un collège des Jésuites aux XVIIe et XVIIIe siècles: le Collège Henri IV de la Flèche (1604-1762) Le Mans: Lequicheux, 1889. 167-8.

RONFARD, Jean-Pierre. Vie et mort du roi boiteux (deux tomes). [Montréal]: Leméac, 1981.

ROSSET, Clément. La philosophie tragique. Paris: Quadrige/Presses Universitaires de France, 1960.

SADOWSKA-GUILLON, Irène. «*Sainte Carmen de Montréal.*» Jeu 57 (1990): 93-96.

SALE, William. «Introduction.» Electra de Sophocle. Englewood Cliffs, N.J.: Prentice-Hall, Inc., 1973.

SARTRE, Jean-Paul. *Huis clos* suivi de *Les mouches*. Collection Folio. Paris: Gallimard, 1947.

SCHILLER, Friedrich von. «Über den Gebrauch des Chors in der Tragödie.» [1803]. Schiller Sämtliche Werke. Berlin: Aufbau-Verlag, 1990.

SLEMON, Stephen. «Post-Colonial Allegory and the Transformation of History.» Journal of Commonwealth Literature 23.1 (1988): 157-68.

SMART, Patricia. Écrire dans la maison du père: l'émergence du féminin dans la tradition littéraire du Québec. Montréal: Québec/Amérique, 1988.

SÖDERLIND, Sylvia. Margin/alias: Language and Colonization in Canadian and Québécois Fiction. Toronto: University of Toronto Press, 1991.

---. «Hubert Aquin et le mystère de l'anamorphose.» Voix et images 9.3 (1984): 103-111.

SOPHOCLE. Antigone. Sophocle tome 1. Texte établi par Alphonse Dain et traduit par Paul Mazon. Paris: Société d'Édition «Les Belles Lettres», 1962. 62-122.

SOURIAU, Étienne. «Le Cube et la sphère.» Archictecture et dramaturgie. Coll. Bibliothèque d'esthétique. Paris: Flammarion, 1950.

STEINER, George. The Death of Tragedy. New York: Alfred A. Knopf, 1961.

---. Introduction. The Origin of German Tragic Drama de Walter Benjamin. London: NLB-Verso, 1996.

TREMBLAY, Michel. À toi, pour toujours, ta Marie-Lou. [c.1971] Montréal: Leméac, 1982.

---. Les belles-soeurs. Montréal: Leméac, 1972.

---. *Damnée Manon, sacrée Sandra*: suivi de *Surprise! Surprise!* Montréal: Leméac, 1977.

---. Douze coups de théâtre. Montréal: Leméac, 1992.

---. En pièces détachées. [Montréal]: Leméac, [1970].
---. La grosse femme d'à côté est enceinte. Montréal: Leméac, 1978.
---. Lysistrata: d'après Aristophane. Adaptation d'André Brassard et de Michel Tremblay; texte de Michel Tremblay. Montréal: Leméac, 1969.
---. Marcel poursuivi par les chiens. Montréal: Leméac, 1992.
---. Le premier quartier de la lune. Montréal: Leméac, 1984.
---. Sainte Carmen de la Main. [1976] Montréal: Leméac, 1989.
de UNAMUNO, Miguel. The tragic sense of life. 1921. London: Collins, 1962.
UBERSFELD, Anne. «Les bons et le méchant.» Revue des sciences humaines 162.41 (1976): 193-203.
USMIANI, Renate. «Michel Tremblay's *Sainte Carmen*: Synthesis and Orchestration.» Canadian Drama/L'Art dramatique canadien 2.2 (automne 1976): 206-218.
VANASSE, André. «*Au retour des oies blanches*, drame de Marcel DUBÉ.» Dictionnaire des oeuvres littéraires du Québec tome IV (1960-1969).Montréal: Fides, 1978. 68-71.
VANDENDORPE, Christian. «Allégorie et interprétation.» Poétique 117 (février 1999): 75-94.
WEISS, Jonathan. French-Canadian Theater. Boston: Twayne Publishers, 1986.
WINKLER, John. «The Ephebes' Song: *Tragôidia* and *Polis*.» Representations 11 (été 1985): 26-62.
WOODCOCK, A. et M. DAVIS. La théorie des catastrophes. Lausanne: L'Age de l'homme, «Changements», 1984.

INDEX

Abel, Lionel iii,iv, 14, 24, 127, 135, 136, 163, 166
abjection   22, 23, 91, 96, 104, 108, 110, 111, 160, 165, 169
Abraham 19
absurde 20
accident 15
Agamemnon 19
agôn 33, 115, 162, 170
aliénation 100, 103
allégorie . 102, 119, 123-125, 127, 162, 165
         hiéroglyphes 127
Ambassadeurs 105
anagnorisis 5
anamorphose 102, 104, 105-107, 111
anesthésie 20, 49
Anouilh, Jean 19
         Antigone .... iii, 62, 89, 160
anti-héros 24
anti-sujet 25
anti-tragédie 154, 155
Antigone 117, 136
Apollon 57
Archives des Lettres canadiennes 7
Aristote ...... ii, 1, 15, 21, 39, 42, 116, 119
Artaud, Antonin 10
Atrides 74
authenticité 21
Babar 88
Baltrušaitis, Jurgis 102, 104-107
Barbaro, Daniele 105
Barthes, Roland 32
         Le plaisir du texte 42
         Sur Racine 3, 32, 91
Baudrillard, Jean   ii, 24, 139, 140, 145, 147, 152
Baugy, de 31
Bayer, Raymond 79
beauté 121, 124, 129, 162
Beckett, Samuel .... ii, iii, 139, 145
Bélanger, France 67, 73, 74
Benjamin, Walter   i, 10, 16, 17, 64, 102, 103, 123, 124, 127, 129, 162, 169

Bernhard, Sarah 27
Bèze, Théodore de 30, 39
bienséance 32
Blais, Marie-Claire 7, 119
Bouchard, Michel Marc 29
Boucher, Denise 126, 129
Brassard, André 68
Brecht, Bertolt 81
Bürgertragödie 48
Camus, Albert iii
catastrophe 11
catharsis 42, 118, 132, 134
chair 104, 108
chaos 61, 117, 155
Chaurette, Normand
         Fragments d'une lettre d'adieu lus par des géologues ....
         ii, iv, 3, 24, **139-156**, 163, 164, 168-170
choeur 4, 20, 72-78, 82-84, 86, 87, 116, 154, 169
chute 61, 87
cité 116
Cixous, Hélène 86, 89
Claudel, Paul .... iii, 29
Cocteau, Jean 159
combat 115, 117, 134
comédie 4, 5
Compagnons de Saint-Laurent 21, 28
conte 111,119
contrainte 21, 64
Corneille, Pierre 28
corps 103, 105, 107, 109, 111, 112, 115, 123, 140, 149, 150, 169
Cotnam, Jacques 7
Créon 34
culpabilité 10, 12, 23
Dalpé, Jean Marc 166
         Eddy 101
         Le Chien ii, 4, 22, **91-114**, 157, 160, 161, 163, 164, 168-170
         Les murs de nos villages 113
Deleuze, Gilles 93

Delisle, Jeanne Mance 3, 43, 119
Derrida, Jacques 53
désert 125, 162, 166
Desmeules, Georges 68
désordre 64, 70, 72, 140, 159
déterritorialisation 100
Dieu 13, 17, 27, 35-37, 39, 41, 43, 59, 62, 71,
106, 159, 165, 166
dikè 54
Dionysos 12, 38, 57, 60, 116, 130
Domenach, Jean-Marie iv, 9, 10, 13, 15, 20,
24, 70, 71, 120, 145, 146, 154,
158, 168
Dorsinville, Max 27
Dort, Bernard 17
Dr Folamour 110
drame 17
Dubé, Marcel
    Au retour des oies blanches ii, 3, 5,
12, 19, 22, 43, **45-66**, 157, 158,
160, 164, 169, 170
    Zone 55
Dubois, René-Daniel .... ii, 8, 141
Ducharme, Réjean 4
Duchemin, Jacqueline 52
Durand, Gilbert 81
Duras, Marguerite 11
Easy Rider 92
écologie 24, 147
Église 27-29, 39, 74, 128, 129
Electre 117
Eliade, Mircea 80
emblème 25
énigme 154, 155
entropie 13, 140, 147, 148, 154
épopée 83, 118
éros 11
Euripide 129, 130
    Les bacchantes 38, 58, 60, 105, 130
existentialisme 112, 113
expansion 83
Factory Theatre 99
fatalité   17, 22, 23, 25, 87, 93, 94, 159, 165,
167
faute 5, 11, 145
Ferron, Jacques 168
"fils impuissant" 44
Fletcher, Angus 126
Francoeur, Louis 51, 55
Freud, Sigmund 105, 107

Frye, Northrop 4, 37
Gabel, Joseph 99, 100, 110
Garneau, Saint-Denys 169
Garrison theatre 28
Gauvreau, Claude 5, 12
"géométrisme morbide" 99
Gérin-Lajoie, Antoine 43, 94
Germain, Jean-Claude .. iii, 4, 16, 141, 168
Giehlow, Carl 103
Gobin, Pierre i-5, 92, 99
Godin, Jean-Cléo 4, 8, 9, 67, 68, 76
Goldmann, Lucien 2, 10, 34-36, 39
Goupil, Laval iv
Goux, Jean-Joseph 117
grâce 58
Grandmont, Éloi de 94
    Un fils à tuer ii, 3, 18-21, **27-44**, 62,
65, 157, 158, 164, 169
Grimal, Pierre 57
grotesque 76
Guattari, Félix 93
Gurik, Robert 4, 16
Hallyn, Fernand 104, 106
hamartia .... ii, iii, 70, 72, 120, 132
Hamblet, Edwin 55, 62
Hamel, Charles 29
Hamon, Philippe 55
Hébert, Chantal 4
Hegel, G.W.F. 10, 77, 158
Heilman, Robert Bechtold 49
héroïsme . 110, 112, 115, 120, 122, 134, 161
hétérogène 113
hiéroglyphe 160
Holbein, Hans 105
homogène 113
Hugo, Victor iii
hybris 34, 38, 39, 53, 68, 86
Ibsen, Henrik iii
immanence 13, 14, 25
incarnation 11
individu 25
individuation 83
infanticide 91
infra-tragédie 112, 113, 163, 168
ingestion 95, 107, 108
innocence 23
intelligence 119, 121-123, 129, 131, 132, 136,
162
Ionesco, Eugène .... ii, 112
ironie 170

Jacques, Henri-Paul 54
jansénisme 2, 36, 43, 62, 73
Jarry, Alfred iii
jurons 95, 109
Karch, Pierre-Paul 7
Kerouac, Jack 92
King Lear 63
Kintz, Linda .... i, 116, 117
Knox, Bernard 35
Koltès, Bernard-Marie iv
Kott, Jan 107
Kristeva, Julia ... 22, 91, 104, 111, 128, 131
"l'historio-hagiographie" 30, 159
l'infra-tragédie 20
Laberge, Marie .... ii, 3, 41, 43, 119
Lacan, Jacques 104
Laflamme, Jean 27-29
laideur 5, 120, 121, 131
Lalonde, Michèle 41
lamentation 16
Languirand, Jacques 3
Lazaridès, Alexandre .... ii, 9, 11, 167
Le Blanc, Alonzo 12, 13, 25, 45, 53, 60, 159,
 166
légitimité 21, 64, 71, 157, 160
Lewis, C.S. 126
logos 50, 53, 54, 82, 130
Lukács, Georges 27, 36, 144, 166
madeleine 96
Mailhot, Laurent 4, 8, 30, 41, 43, 62
Maître, Manuel 46
Mallarmé, Stéphane i
Maltais, Murray 67
Man, Paul de 123, 124
manipulation 21
Marcotte, Gilles 32
maternité 121, 128, 129, 162
"matricide" 117
Méduse 6
Mélanippe 130
mélodrame 19, 46, 47, 49, 55, 67, 68, 71, 120
mémoire .. 23, 84, 93, 94, 100, 105, 112,
 132, 153, 166, 169
mensonge 86, 87, 153
mère 108, 111, 117, 126
métamorphose 25
métathéâtre 14, 24, 166, 170
métonymie 95, 110
Mille et une nuits 118
mimésis 96
miroir 13, 23
mise en abyme 107

Molière 28, 29
Montherlant, Henri de 19
Morel, Jacques 6, 15
Murray, Timothy C. 104
mystère 4, 17, 27, 167, 169
mythe 17
Nancy, Claire 116, 129, 130
Nepveu, Pierre 140, 141, 147, 151, 169
Nietzsche, Friedrich .. 2, 3, 9, 10, 57, 77, 78
nihilisme 24
non-action 86
Nouveau Monde 36, 41
Novarina, Valère iv
O'Neill-Karch, Mariel 7, 99
orphelin 44
Œdipe ii, 6, 11, 23, 34, 35, 63, 117, 122, 140,
 163
Paré, François 95
parricide 3, 51, 64, 91, 94, 117
Pascal, Blaise 17, 36
patchwork 6
pathétique ... 43, 46, 47, 119, 120, 132, 134
Paul, Raymond 67, 73, 74
Pavis, Patrice 22, 46, 73
Pelletier, Pol 23, 24, 118
 À ma mère, à ma mère, à ma mère, à
  ma voisine . 120, 126, 129
 La lumière blanche 115-138, 161, 163,
  164, 168-170
 La nef des sorcières 129
père .... ii, 33-35, 37, 38, 40, 43, 59, 91, 117
Perrault, Pierre 99
personnage anaphore 55
perte 77
poétique 1, 7, 15, 21, 57, 111, 116, 128, 133,
 137, 167, 169
Poirion, Daniel 124
Pontaut, Alain 67
post-moderne .... iii, iv, 7, 11, 24, 163
Poulin, Jacques 92
Proust, Françoise 118, 125, 134, 141
Proust, Marcel 96
purification 38
Quesnel, Joseph 28
Racine, Jean ..... iii, 29, 33, 36, 40, 41, 91
 Athalie iii
 Iphigénie 30, 40, 70
 Phèdre . iii, 30, 32, 34, 40, 75, 105,
  130
reconnaissance iii, 5-7, 14, 18, 39, 40, 87, 92
regard 35
Remillard, J. Robert 16

responsabilité   17, 18, 20, 23-25, 30, 33, 119, 160
rêve américain 92
Rewa, Natalie 28
rhizome 23
ridicule 48, 81
Robert, Lucie 125
Ronfard, Jean-Pierre .... iii, 16, 168
Rosset, Clément 9, 24, 149
Roux, Jean-Louis 29
ruines 124, 131, 149, 166
sacré 71, 72, 80, 108, 113, 119, 127, 129, 134, 168
Sadowska-Guillon, Irène 68
Sainte Vierge .. 74, 126, 128, 129, 136, 137
Sale, William 53, 54
Sartre, Jean-Paul 62, 160
Sauvageau 4
Schiller, Friedrich von 72, 75
schizophrénie 101
self-consciousness 14, 170
Shakespeare, William .... iii, 63, 126
SIDA 11
Slemon, Stephen 124
Smart, Patricia 44, 118
Söderlind, Sylvia 107, 127
soleil 62, 67, 77, 80, 82
Sophocle 3
        Antigone 3, 53, 77, 80
        Electre 53
        Œdipus the King 35
        Œdipe roi 3, 58, 116, 117, 140
sotie 4
Souriau, Étienne 85
spatialisation du temps 100
spectateur 16, 27, 87, 89, 104, 106, 164
squelette 41
stade du miroir 105
Steiner, George .... i, iv, 1, 14, 16, 17
sublime 77
surmoi 60
synecdoque 95
théâtre de l'absurde 154
Théâtre Expérimental des Femmes 115
théâtre médiévale 4, 6
Thériault, Yves 43
Thésée 41
"tiers-mondisme" 151, 153
Tourangeau, Rémi 27-29
Tragédie de l'immanence iii
tragédie du refus 35
tragique i, iii-5, 7, 9-11, 13-18, 67, 70, 71, 75, 96, 119, 144, 145, 167
Tragödie 16
transsubstantiation 95, 107, 123
Trauerspiel 16, 17, 124, 134, 167
Tremblay, Michel
        En pièces détachées 73
        <u>À toi, pour toujours, ta Marie-Lou</u>
        .... 5, 67, 161
        <u>Les belles-soeurs</u> 4, 67, 73, 82
        <u>Damnée Manon, sacrée Sandra</u>
        .... 126, 129
        <u>Douze coups de théâtre</u> 77, 87
        <u>La grosse femme d'à côté est enceinte</u> 73
        <u>Le premier quartier de la lune</u> .. 73
        <u>Lysistrata</u> 3, 73
        <u>Marcel poursuivi par les chiens</u> . 74
        <u>Sainte Carmen de la Main</u>   ii, 3, 8, 20, 22, **67-90**, 157, 158, 160, 164, 168, 169
tricoteuses 73
trois unités 9, 20, 21
Ubersfeld, Anne 47, 48
Unamuno, Miguel de 9
Usmiani, Renate 69
Vanasse, André 45, 47, 48, 50
Vandendorpe, Christian 124
vaudeville 45
violence 5-7
vraisemblance, ... 22
Weiss, Jonathan 3, 8, 54, 67
Weltanschauung 34, 35
Winkler, John 116, 117
XVIIe siècle 35, 38, 43, 72
XXe siècle 160

CANADIAN STUDIES

1. Clifford J. Jansen, **Italians in a Multicultural Canada**
2. Dieter Hoehne, **Legal Aid in Canada**
3. Satadal Dasgupta, **Rural Canada: Structure and Change**
4. Mark Mullins, **Religious Minorities in Canada: A Sociological Study of the Japanese Experience**
5. Joan Vance, **An Analysis of the Costs and Benefits of Public Lotteries: The Canadian Experience**
6. Peter A. Russell, **Attitudes To Social Structure and Mobility in Upper Canada 1815-1840: "Here We Are Laird Ourselves"**
7. John S. Brierley and Daniel Todd, **Prairie Small-Town Survival: The Challenge of Agro-Manitoba**
8. Scott Bennett,(ed.), **Technology and Work in Canada**
9. Yvan Gagnon, **The Theory and Practice of Public Policy-Making in Canada: Metapolicymaking**
10. John Cooke, **The Influence of Painting on Five Canadian Writers: Alice Munro, Hugh Hood, Timothy Findlay, Margaret Atwood, Michael Ondaatje**
11. Kenneth W. Meadwell, *L'avalée des avalés, L'hiver de force* et *Les enfantômes* de Réjean Ducharme: Une fiction mot à mot et sa littérarité
12. John Benson, **Entrepreneurism in Canada: A History of "Penny Capitalism"**
13. Lorna Berman and Irina Sobkowska-Ashcroft, **Portrayal of Old Age in Twentieth Century Canadian Novels**
14. Michael Pomedli, **William Kurelek's Huronia Mission Paintings**
15. James Horne Morrison, **The Diary of James Horne Morrison, (1894-1895), A Scots Missionary in Canada**, edited and introduced by Boyd Stanley Schlenther
16. Karin M. Egloff, Le thème du regard dans l'oeuvre d'André Langevin, écrivain québécois: la flèche dans l'œil de Narcisse
17. John M. Naish, **The Interwoven Lives of George Vancouver, Archibald Menzies, Joseph Widbey and Peter Puget**

18. James M. Dean, **What Type of Financial Institutions Would be Needed to Incorporate the Northwest Territories into the Canadian Federation?: Fiscal Policies for the Future**
19. Robert I. McLaren, **The Saskatchewan Practice of Public Administration in Historical Perspective**
20. Daniel A. Metraux, **The Soka Gakkai Buddhist Movement in Quebec**
21. Eva Darias-Beautell, **Contemporary Theories and Canadian Fiction: Shifting Sands**
22. John C. Pierce, Nicholas P. Lovrich, Brent S. Steel, Mary Ann E. Steger, John R. Tennert, **Political Culture and Public Policy in Canada and The United States: Only A Border Apart?**
23. Stéphanie Nutting, **Le tragique dans le théâtre québécois et canadien-français, 1950-1989**